초급 떼고 바로 시작하는

버전업!

동양북스 일본어

입문

프리토킹

이시하라 히로타미 저

초급 떼고 바로 시작하는

버전업! 동양북스 일본어
프리토킹 입문

증보판 5쇄 | 2017년 4월 5일

지은이 | 이시하라 히로타미
발행인 | 김태웅
편집장 | 강석기
편 집 | 신선정
디자인 | 방혜자, 성지현, 이미영, 김효정
마케팅 | 서재욱, 김귀찬, 이종민, 오승수, 조경현
온라인 마케팅 | 김철영, 양윤모
제 작 | 현대순
총 무 | 한경숙, 안서현, 최여진, 강아담
관 리 | 김훈희, 이국희, 김승훈, 이규재

발행처 | 동양북스
등 록 | 제 10-806호(1993년 4월 3일)
주 소 | 서울시 마포구 동교로22길 12 (04030)
전 화 | (02)337-1737
팩 스 | (02)334-6624

http://www.dongyangbooks.com

ISBN 978-89-8300-631-8 13730

머리말

이 교재는 초급 과정을 마친 분들을 대상으로, 일본어로 상대에게 질문하거나 자신의 신변에 대해 이야기할 수 있는 능력을 기르도록 기획되었습니다.

일상회화에서 가장 많이 등장하는 상황을 설정하고 각 상황에서 필요한 문형을 추려내어 그에 필요한 어휘와 함께 익히도록 함으로써 상황에 따라 자연스런 일본어를 구사할 수 있도록 했습니다.

본 교재는 모두 18개의 상황으로 구성되어 있는데, 이것들은 크게 세 파트로 나뉘어 있습니다.

첫번째 파트는 자기 소개와 관련된 것입니다. 가족이나 취미, 직업, 소속 등 자기 소개를 할 때 필요한 내용을 수록해 언제 어디에서든지 자신있게 자기를 소개할 수 있는 능력을 기르도록 했습니다.

두번째 파트에서는 스포츠, 영화, 음악, 요리, 여행 등 취미 생활과 관련된 것들을 묻고 답하는 능력을 기를 수 있도록 했습니다.

세번째 파트에서는 공부, 결혼, 친구, 아르바이트, 스트레스 등 현재 자신의 관심사에 대해 이야기할 수 있는 능력을 기르도록 했습니다.

위의 각 테마는 지난 10여 년 동안 한국에서 가르쳐 온 경험을 통해 얻은 것들입니다. 무엇보다 일본어 습득에 다른 어느 나라 사람보다 빠른 감각을 가진 한국인들에게 초급 단계에서의 프리토킹 교재가 필요함을 절실하게 느껴왔습니다. 따라서 회화 중심의 일본어 학습을 원하는 분들께, 그리고 그러한 교육의 필요성을 느끼시는 선생님들께 좋은 교재가 되리라 생각합니다.

마지막으로 한국어 번역을 담당해 주신 김보영 선생님과 정혜윤 선생님께 깊이 감사 드립니다. 또한 본 교재로 학습하시는 여러분의 실력 향상에 많은 보탬이 되기를 바라마지 않습니다.

石原浩民

목차

Contents

일러두기

🔑 会　話

각 과의 주제와 관련된 회화문입니다. 가장 많이 접하게 되는 상황을 설정하여 만든 것이므로, 각 주제와 관련한 대화의 흐름을 익힐 수 있습니다. 상대에게 묻고 대답하는 방법이나 화제를 바꾸는 요령 등을 주의깊게 익혀 두었다가 실제 회화에 응용하면 좋은 효과를 얻을 수 있습니다.

内容チェック

회화의 내용을 잘 파악했는지 간단하게 질문하는 부분입니다. 교재에 실리지 않은 대한 다른 내용들에 대해서도 서로 묻고 답해 봅시다. 많이 묻고 많이 답하기는 곧 회화의 기본입니다. 아주 하찮은 것이라도 일본어로 묻고 답하는 습관을 들입시다.

文型練習

회화에 이용된 표현 중에서 가장 중요한 것을 골라 집중적으로 연습할 수 있도록 했습니다. 또한 한 가지 표현으로 다양한 화제를 대입하는 방법도 익힐 수 있습니다. 교재에 실려 있는 문형 표현 외에도 회화에 필요한 다른 표현들을 설정해 교재와 같은 방법으로 연습하면 회화 실력 향상에 많은 도움이 될 것입니다.

会話練習

회화, 내용체크, 문형연습 등을 통해 익힌 내용을 이용해 본격적인 회화 연습을 하는 부분입니다. 지금까지는 교재에서 주어진 내용만을 이용한 묻고 답하기였다면, 이 부분에서는 실제로 자기 자신에 대한 이야기를 합니다. 대부분의 질문은 앞에서 익힌 내용 안에서 선택된 것이므로, 응용력을 발휘하면 쉽게 접근할 수 있습니다.

関連語句

회화 연습에서는 사람마다 제각기 다른 말들을 하게 됩니다. 따라서 주제와 관련된 다양한 어구 및 표현들이 필요합니다. 따라서 이 부분에서는 회화 연습에서 사용될 수 있는 어구 및 표현들을 가능한 한 많이 실어 두어 회화 연습에 최대한 도움이 되도록 했습니다. 한편 회화를 하다 보면 여기에 실리지 않은 어구나 표현들이 필요한 경우도 있을 것입니다. 이런 경우는 지도 선생님 또는 주위에 일본어를 잘 하시는 분의 조언을 구하거나 동양문고 홈페이지의 게시판을 활용하시면 도움이 될 것입니다.

모 델 만 들 기

'모델 만들기'는 자기 자신에 대해 언제 어디서든 발표할 수 있도록 이 교재의 학습을 통해 미리 만들어 놓는다는 의미에서 설정한 부분으로, ① 자기 소개, ② 취미, ③ 흥미 있는 일 등 세 가지로 구성되어 있습니다. 먼저 ① 자기 소개에서는 자신의 이름, 소속, 직업, 취미, 앞으로의 계획, 가족 사항 등에 대해 준비하도록 한 것이고, ② 취미에서는 스포츠, 영화, 음악, 여행, 요리 등 다양한 취미를 이야기하는 데에 대비토록 한 것이며, ③ 흥미 있는 일에서는 자신이 현재 가장 관심을 많이 갖고 있는 분야에 대해 이야기하는 것을 준비하는 데에 도움이 되도록 한 것입니다. 이 세 가지 주제는 우리가 일상회화에서 가장 흔하게 접할 수 있는 것들이므로, 이 교재 학습을 통해 미리 준비해 두면 후에 유용하게 써먹을 수 있는 기회가 있을 것입니다.

해석 및 참고 표현

교재 뒷부분에는 해석을 실어 두었습니다. 특히 문형 연습 해석에서는 문장을 완성했을 때의 해석이 실려 있어 문형 연습 문장 만들기 연습에 참고할 수 있습니다. 또한 '참고 표현'은 대화를 이끌어가는 데에 유용한 표현들을 모아 놓은 것입니다.

▶ 01 自己紹介

会話 ▶ 

パク	はじめまして、パクと申します。どうぞよろしくお願いします。
田中	はじめまして、田中です。こちらこそ、どうぞよろしく。
パク	田中さんは、お勤めですか。
田中	ええ、国際商事という貿易会社に勤めています。
	パクさんは学生さんですか。
パク	はい、私はまだ学生で、経営の勉強をしています。
田中	そうですか。私も学生時代、経営を専攻したんですよ。
パク	そうなんですか。
	ところで、田中さんのお宅はどちらですか。
田中	私は、麻浦に住んでいます。

 内容チェック ▶

1. 田中さんは学生ですか。

2. 田中さんは学生時代、どんな勉強をしましたか。

3. 田中さんはどこに住んでいますか。

語句練習

はじめまして 처음 뵙겠습니다	勤(つと)めている 근무하고 있다
～と申(もう)します　～라고 합니다	まだ 아직
どうぞよろしく 잘 부탁합니다	経営(けいえい) 경영
お願(ねが)いします 부탁합니다	専攻(せんこう) 전공
こちらこそ 저야말로	学生時代(がくせいじだい) 학생시절
お勤(つと)め 근무	お宅(たく) 댁
国際商事(こくさいしょうじ) 국제상사	どちら 어디
～という ～라는	～に住(す)んでいる ～에 살고 있다
貿易会社(ぼうえきがいしゃ) 무역회사	

文型練習 ▶ 

I   ～と申します

A：お名前は何とおっしゃいますか。

B：＿＿＿＿＿**と申します**。どうぞよろしくお願いします。

❶ キム　　　　　　　　❷ スミス
❸ チン　　　　　　　　❹ ジョン

II   ～という～

A：どちらの会社にお勤めですか。

B：国際商事**という**会社に勤めています。

1. A： どちらの会社にお勤めですか。

   B： ＿＿＿＿＿＿＿＿＿＿＿＿＿＿に勤めています。

2. A： お昼はどこで食べましたか。

   B： ＿＿＿＿＿＿＿＿＿＿＿＿＿＿で食べました。

3. A： どこでお酒を飲みましたか。

   B： ＿＿＿＿＿＿＿＿＿＿＿＿＿＿で飲みました。

4. A： 昨日、誰に会いましたか。

   B： ＿＿＿＿＿＿＿＿＿＿＿＿＿＿に会いました。

❶ 日本物産／会社　　　　❷ 木曾川／そば屋
❸ レインボー／カフェ　　❹ 西川さん／日本人

Ⅲ 〜に住んでいる

A：どちらにお住まいですか。
B：＿＿＿＿＿に住んでいます。

❶ 新宿　　　　　❷ 池袋
❸ 京都　　　　　❹ ソウル

語句練習

どちらの会社（かいしゃ）어느 회사	誰（だれ）누구
国際商事（こくさいしょうじ）국제상사	会（あ）う 만나다
日本物産（にほんぶっさん）일본물산	西川（にしかわ）니시카와
お昼（ひる）점심 (식사)	日本人（にほんじん）일본인
木曾川（きそがわ）기소가와(음식점 이름)	新宿（しんじゅく）신주쿠(지역 이름)
そば屋（や）메밀국수집	池袋（いけぶくろ）이케부쿠로(지역 이름)
レインボー 레인보우(무지개)	京都（きょうと）교토(지역 이름)
カフェ 카페	ソウル 서울(한국의 수도)
昨日（きのう）어제	

会話練習 ▶

1. **お名前は何とおっしゃいますか。**

2. **失礼ですが、おいくつですか。**

3. **あなたは学生さんですか、お勤めですか。**

4. **（学生の場合）何を専攻していますか。**
   （会社員の場合）どんなお仕事をしていますか。

5. **ご家族は何人ですか。**

6. **どちらにお住まいですか。**

関連語句 ▶

~年生まれ ~년생   満で 만으로(나이)

証券会社 증권회사   食品会社 식품회사

保険会社 보험회사   建設会社 건설회사

商社 상사   銀行 은행

新聞社 신문사   出版社 출판사

放送局 방송국   花屋 꽃가게

パン屋 빵가게   クリーニング屋 세탁소

病院 병원   公務員 공무원

教師 교사   運転手 운전수

秘書 비서   自営業 자영업

歴史 역사   文学 문학

会計 회계   音楽 음악

体育 체육   美術 미술

医学 의학   哲学 철학

デザイン 디자인   経済 경제

電子工学 전자공학   建築 건축

機械工学 기계공학   観光 관광

メモ ▶

▶ 02 私の選んだ仕事

会話 ▶

鈴木	リーさんは、どんなお仕事をしているんですか。
リー	私は貿易会社で働いています。
鈴木	どうして貿易会社を選んだんですか。
リー	以前から貿易の仕事には興味があったし、学生時代に習った日本語も生かせると思ったからです。
鈴木	そうですか。じゃ、日本語を実際に使うことも多いんですか。
リー	ええ、取引先に電話をかけて、お客さんと商談をします。でも、ときどき会話の途中でわからない言葉があって、相手に迷惑をかけることもあります。
鈴木	たいへんですね。
リー	ですから、もっと専門的な勉強をしようと思っています。
鈴木	そうですか。がんばってください。

 **内容チェック** ▶

1. リーさんは、どんな会社で働いていますか。

2. リーさんは、どうして今の会社を選びましたか。

3. リーさんは、どうして専門的な勉強をしようと思っていますか。

語句練習

どんな 어떤	電話(でんわ)をかける 전화를 걸다
働(はたら)く 일하다	お客(きゃく)さん 손님
選(えら)ぶ 고르다, 선택하다	商談(しょうだん) (비즈니스 상의) 상담
以前(いぜん) 이전, 예전	ときどき 때때로
興味(きょうみ) 흥미, 관심	でも 하지만
習(なら)う 배우다	途中(とちゅう) 도중
外国語(がいこくご) 외국어	わからない言葉(ことば) 모르는 말
生(い)かす 살리다	相手(あいて) 상대
思(おも)う 생각하다	迷惑(めいわく)をかける 폐를 끼치다
～から ～때문	～こともある (～하는) 일도 있다
じゃ 그럼	たいへんだ 힘들다
実際(じっさい) 실제	ですから 그래서, 그렇기 때문에
使(つか)う 사용하다, 쓰다	もっと 좀 더
多(おお)い 많다	専門的(せんもんてき) 전문적
取引先(とりひきさき) 거래처	がんばってください 분발하세요

文型練習 ▶

I ～で働いています

A：どんなお仕事をしているんですか。

B：私は＿＿＿＿＿＿**で働いています**。

❶ 銀行 ❷ 郵便局
❸ 市役所 ❹ 飲食店

II ～こともある

A：会社で日本語を使いますか。

B：はい、ときどき使う**こともあります**。

1. A：天気がいい日は東京から富士山が見えますか。

   B：はい、＿＿＿＿＿＿＿＿＿＿＿＿＿＿＿＿＿。

2. A：日本へ出張しますか。

   B：はい、＿＿＿＿＿＿＿＿＿＿＿＿＿＿＿＿＿。

3. A：お父さんとよく話しますか。

   B：はい、＿＿＿＿＿＿＿＿＿＿＿＿＿＿＿＿＿。

4. A：お酒に酔いますか。

   B：はい、＿＿＿＿＿＿＿＿＿＿＿＿＿＿＿＿＿。

❶ ときどき見える ❷ ときどき出張する
❸ ときどき話す ❹ ときどき酔う

Ⅲ　〜ようと思っている

A：どんな外国語を勉強しますか。

B：日本語を勉強し**ようと思っています**。

---

1. A：夏休みにどこへ行きますか。

   B：＿＿＿＿＿＿＿＿＿＿＿＿＿＿＿＿。

2. A：明日、何を買いますか。

   B：＿＿＿＿＿＿＿＿＿＿＿＿＿＿＿＿。

3. A：今晩、何を食べますか。

   B：＿＿＿＿＿＿＿＿＿＿＿＿＿＿＿＿。

4. A：週末に何をしますか。

   B：＿＿＿＿＿＿＿＿＿＿＿＿＿＿＿＿。

❶ 日本へ行く　　❷ ワンピースを買う
❸ さしみを食べる　　❹ 映画を見る

語句練習

銀行(ぎんこう) 은행	夏休(なつやす)み 여름휴가, 여름방학
郵便局(ゆうびんきょく) 우체국	どこへ 어디에
市役所(しやくしょ) 시청	明日(あした) 내일
飲食店(いんしょくてん) 음식점	買(か)う 사다, 구입하다
天気(てんき)がいい日(ひ) 날씨가 좋은 날	ワンピース 원피스
富士山(ふじさん) 후지산	今晩(こんばん) 오늘 밤
出張(しゅっちょう)する 출장 가다	さしみ 생선회
よく 자주	週末(しゅうまつ) 주말
話(はな)す 이야기하다	映画(えいが) 영화

会話練習 ▶

1. あなたはどんな仕事をしていますか。
（**学生**　将来はどんな仕事がしたいですか。）

2. どうしてその仕事を選びましたか。

3. 仕事をするには何が重要だと思いますか。
（例）専門知識／人間関係／体力／努力／ごますり

4. あなたの幼いときの夢は何でしたか。

🖐 関連語句 ▶

サラリーマン 샐러리맨 | ビジネスマン 비즈니스맨

デザイナー 디자이너 | プロデューサー 프로듀서

カメラマン 카메라맨 | スチュワーデス 스튜어디스

コック 요리사 | コンピュータープログラマー 컴퓨터 프로그래머

モデル 모델 | 美容師（びようし）미용사

塾の講師（じゅくのこうし）학원 강사 | 外交官（がいこうかん）외교관

画家（がか）화가 | 歌手（かしゅ）가수

俳優（はいゆう）배우 | 事業家（じぎょうか）사업가

医者（いしゃ）의사 | 看護師（かんごし）간호사

警察官（けいさつかん）경찰관 | 消防士（しょうぼうし）소방관

建築家（けんちくか）건축가 | 農夫（のうふ）농부

法官（ほうかん）법관 | 弁護士（べんごし）변호사

記者（きしゃ）기자 | アナウンサー 아나운서

演奏家（えんそうか）연주가 | 指揮者（しきしゃ）지휘자

科学者（かがくしゃ）과학자 | 郵便配達人（ゆうびんはいたつにん）집배원

パイロット 비행사 | 音楽家（おんがくか）음악가

スポーツマン 스포츠맨 | 写真作家（しゃしんさっか）사진 작가

ジャーナリスト 저널리스트 | ニュースキャスター 뉴스 캐스터

編集者（へんしゅうしゃ）편집자 | 作家（さっか）작가

舞踊家（ぶようか）무용가 | 会計士（かいけいし）회계사

通勤時間（つうきんじかん）통근 시간 | 週休二日（しゅうきゅうふつか）주 5일 근무

上司（じょうし）상사 | 部下（ぶか）부하

勤務環境（きんむかんきょう）근무환경 | 業種（ぎょうしゅ）업종

▶ 03　私の趣味

🗣 会話 ▶ 

キム	小川さんのご趣味は何ですか。
小川	私の趣味は絵を描くことです。
	休みの日には、近くの公園に行ってスケッチをします。
キム	いつから絵に興味をもったんですか。
小川	小学生のころからよく、父と描きました。
キム	それでは、お父さんも絵がお好きだったんですか。
小川	ええ、実は、父の影響なんです。
キム	そうだったんですか。絵のほかには、どうですか。
小川	そうですね。楽器を演奏したり、料理を作ったりするのも好きです。
キム	多才ですね。
小川	とんでもありません。下手の横好きなだけです。

 **内容チェック** ▶

1. 小川さんの趣味は何ですか。

2. いつから、なぜ、始めましたか。

3. キムさんはなぜ、多才だと小川さんをほめましたか。

語句練習

ご趣味(しゅみ) 취미	実(じつ)は 실은
絵(え) 그림	演奏(えんそう) 연주
描(か)く 그리다	料理(りょうり) 요리
休(やす)みの日(ひ) 쉬는 날, 휴일	作(つく)る 만들다
近(ちか)く 근처	多才(たさい) 다재, 재주가 많음
公園(こうえん) 공원	とんでもない 당치도 않다
スケッチ 스케치	下手(へた) 서툼
いつから 언제부터	下手(へた)横好(よこず)き 서툰 주제에 무
興味(きょうみ)をも(持)つ 흥미를 갖다	턱대고 좋아함
それでは 그러면	始(はじ)める 시작하다
お好(す)きだ 좋아하시다	ほめる 칭찬하다

文型練習 ▶

Ⅰ 〜ことです

A：小川さんの趣味は何ですか。

B：私の趣味は絵を描く**ことです**。

A：あなたの趣味は何ですか。

B：私の趣味は＿＿＿＿＿＿＿＿＿＿＿＿＿＿＿＿＿。

❶ スポーツを見る　　❷ 山に登る

❸ 花を生ける　　❹ 碁を打つ

Ⅱ 〜に興味を持つ

A：いつから絵**に興味をもった**んですか。

B：小学生のころからです。

---

1. A：＿＿＿＿＿＿＿＿＿＿＿＿＿。

　　B：高校時代からです。

2. A：＿＿＿＿＿＿＿＿＿＿＿＿＿。

　　B：中学生のころからです。

3. A：＿＿＿＿＿＿＿＿＿＿＿＿＿。

　　B：大学時代からです。

4. A：＿＿＿＿＿＿＿＿＿＿＿＿＿。

　　B：独身時代からです。

❶ 料理　　❷ 編み物

❸ 茶道　　❹ 踊り

Ⅲ　〜のが好きです

A：何をする**のが好きです**か。

B：私は絵を描く**のが好きです**。

A：何をするのが好きですか。

B：私は＿＿＿＿＿＿＿＿＿＿＿＿＿＿＿＿＿。

❶ セーターを編む　　❷ テレビを見る

❸ ドライブをする　　❹ ピアノを弾く

語句練習

スポーツ 스포츠

山(やま)に登(のぼ)る 산에 오르다

花(はな)を生(い)ける 꽃꽂이를 하다

碁(ご)を打(う)つ 바둑을 두다

料理(りょうり) 요리

高校時代(こうこうじだい) 고등학생 시절

編物(あみもの) 뜨개질

中学生(ちゅうがくせい) 중학생

茶道(さどう) 다도

踊(おど)り 춤

独身(どくしん) 독신

セーターを編(あ)む 스웨터를 짜다

テレビを見(み)る 텔레비전을 보다

ドライブをする 드라이브를 하다

ピアノを弾(ひ)く 피아노를 치다

会話練習 ▶

1. あなたの趣味は何ですか。いつから、なぜ始めましたか。

2. あなたは、暇な時間があるとき何をしますか。

3. あなたは今、何に関心がありますか。

🖲 関連語句 ▶

読書 독서

書道 서예

華道 꽃꽂이의 도

音楽鑑賞 음악 감상

刺繍 자수

ダンスを踊る 춤을 추다

ドライブ 드라이브

ボーリング 볼링

碁をうつ 바둑을 두다

釣り 낚시

スキー 스키

インターネットゲーム 인터넷게임

写真を撮る 사진을 찍다

あやとり 실뜨기

ガーデニング 정원 가꾸기

ガラス工芸 유리 공예

木工芸 목공예

コレクション 수집

バードウォッチング 탐조

発明 발명

陶芸 도예

茶道 다도

人形作り 인형 만들기

編み物 편물, 뜨개질

スポーツ観戦 스포츠 관전

サイクリング 사이클

登山 등산

将棋をさす 장기를 두다

盆栽 분재

ビリヤード 당구

スノーボード 스노우보드

料理 요리

アマチュア無線 아마추어 무선

折り紙 종이 접기

工芸 공예

金属工芸 금속 공예

模型 모형

せっけん作り 비누 공예

陶芸 도예

手品 마술

▶ 04　将来の計画

会話 ▶ 

パク	田中さんは、今後も韓国で暮すんですか。
田中	ええ、そのつもりです。パクさんもご存じのとおり、私の妻は韓国人なので、今後も韓国で暮そうと思っています。
パク	お仕事も、今のお仕事は続けてなさるんですか。
田中	ええ、当分は続けるつもりです。
パク	じゃ、将来は。
田中	将来ですか。私は貿易の仕事に興味があるので、機会があれば貿易の仕事がしてみたいです。
パク	そうですか。
田中	せっかく韓国語も話せるようになったし、それに日本と貿易するようになれば、たびたび日本にも帰れますからね。
パク	そうですか。将来ぜひ、希望がかなえばいいですね。

内容チェック ▶

1. 田中さんは、今後どこで暮すつもりですか。それはどうしてですか。

2. 田中さんが将来、したい仕事は何ですか。

3. 田中さんはどうして、将来その仕事がしたいんですか。

語句練習

今後(こんご) 앞으로

暮(くら)す 살다

つもり 생각, 작정

ご存(ぞん)じ 아심('알다'의 존경어)

～とおり ～대로

妻(つま) 아내

暮(くら)そうと思(も)っている 살려고 생각하고 있다

続(つづ)けてなさる 계속해서 하시다

当分(とうぶん) 당분간

将来(しょうらい) 장래, 미래

興味(きょうみ) 흥미

貿易(ぼうえき) 무역

機会(きかい) 기회

あれば 있다면

してみたい 해 보고 싶다

せっかく 모처럼

話(はな)せる 말할 수 있다

～ようになる ～하게 되다

～し ～(하)고

たびたび 자주

希望(きぼう) 희망

かなう (희망 등이) 이루어지다

文型練習 ▶

I ～つもり

A：今後も韓国で暮すんですか。

B：はい、その**つもり**です。

---

1. A：夏休みに日本に行くんですか。

   B：はい、＿＿＿＿＿＿＿＿＿＿＿＿。

2. A：今年の冬は何をしますか。

   B：＿＿＿＿＿＿＿＿＿＿＿＿。

3. A：明日のセミナーに出席しますか。

   B：はい、＿＿＿＿＿＿＿＿＿＿＿＿。

4. A：彼と結婚するんですか。

   B：いいえ、＿＿＿＿＿＿＿＿。

❶ 日本に行く　　　　❷ スノーボードを習う

❸ 出席する　　　　　❹ 結婚しない

II 話せるようになる

A：韓国語が話せますか。

B：はい、**話せるようになりました**。

---

1. A：辛い料理が食べられますか。

   B：はい、＿＿＿＿＿＿＿＿＿＿＿＿。

2. A：車の運転ができますか。

   B：はい、＿＿＿＿＿＿＿＿＿＿＿＿。

3. A：韓国の歌が歌えますか。

   B：はい、＿＿＿＿＿＿＿＿＿＿＿＿。

4. A：社交ダンスが踊れますか。

   B：はい、＿＿＿＿＿＿＿＿＿＿＿＿。

❶ 食べられる　　　　❷ 運転できる

❸ 歌える　　　　　　❹ 踊れる

Ⅲ 〜て みたい

A：どんな仕事がしたいですか。

B：貿易の仕事がし**てみたい**です。

---

1. A：どんな料理が食べたいですか。

   B：＿＿＿＿＿＿＿＿＿＿＿＿＿＿＿。

2. A：どんな車に乗りたいですか。

   B：＿＿＿＿＿＿＿＿＿＿＿＿＿＿＿。

3. A：夏休みに何がしたいですか。

   B：＿＿＿＿＿＿＿＿＿＿＿＿＿＿＿。

4. A：日本に行ったら何がしたいですか。

   B：＿＿＿＿＿＿＿＿＿＿＿＿＿＿＿。

❶ 韓国の珍しい料理を食べる　　❷ イタリアのスポーツカーに乗る

❸ バックパック旅行をする　　❹ 着物を着る

語句練習

夏休(なつやす)み 여름휴가, 여름방학	社交(しゃこう)ダンス 사교 댄스
今年(ことし) 올해, 금년	踊(おど)る 춤추다
スノーボード 스노우보드	踊(おど)れる 춤출 수 있다
習(なら)う 익히다, 배우다	食(た)べたい 먹고 싶다
セミナー 세미나	珍(めずら)しい 진귀하다, 드물다
出席(しゅっせき) 출석, 참석	イタリア 이탈리아
結婚(けっこん) 결혼	スポーツカー 스포츠카
辛(から)い 맵다	乗(の)りたい 타고 싶다
できる 할 수 있다.	リュックサック 륙섹, 배낭
歌(うた) 노래	旅行(りょこう) 여행
歌(うた)う 노래하다	着物(きもの) 옷, 기모노
歌(うた)える 노래할 수 있다	着(き)たい 입고 싶다

会話練習 ▶

1. あなたは、日本語の他に勉強したいものがありますか。

2. あなたは、将来どんなことがしてみたいですか。
   それは、どうしてですか。

3. みなさんは、将来、外国で住んでみたいですか。
   それは、どうしてですか。

🖐 関連語句 ▶

専門 전문 | 専攻 전공

海外進出 해외진출 | 経営 경영

役立てる 유용하게 쓰다 | 技術 기술

政治家 정치가 | 芸術家 예술가

建築家 건축가 | 目標 목표

実現する 실현하다 | 家業をつぐ 가업을 잇다

留学する 유학가다 | 移民する 이민가다

研究をする 연구를 하다 | 専門を生かす 전공을 살리다

経営する 경영하다 | マスターする 마스터하다

子供の教育 아이 교육 | ボランティア活動をする 자원봉사활동을 하다

見聞を広める 견문을 넓히다 | 外国を憧れる 외국을 동경하다

アメリカ 미국 | 南米 남미

ヨーロッパ 유럽 | フランス 프랑스

ドイツ 독일 | イギリス 영국

ギリシャ 그리스 | イタリア 이탈리아

スイス 스위스 | ロシア 러시아

アジア 아시아 | トルコ 터키

中国 중국 | インド 인도

タイワン 대만 | ベトナム 베트남

シンガポール 싱가포르 | オーストラリア 호주

インドネシア 인도네시아 | ホンコン 홍콩

ニュージーランド 뉴질랜드 | アフリカ 아프리카

▶ 05　私の家族

パク	上田さんのご家族は何人ですか。
上田	妻と私、そして息子が２人で、４人家族です。
	息子たちはまだ小学生です。
パク	失礼ですが、奥さんは何かお仕事をしているんですか。
上田	いいえ、何もしていません。
	でも、最近、子供たちも手がかからなくなったので働きたいと言っています。
パク	そうですか。ところで、上田さんのご両親はご健在ですか。
上田	はい、おかげさまで。
	実家の隣には弟夫婦も住んでいるので、安心しています。
パク	それはいいですね。

💡 内容チェック ▶

1. 上田さんのご家族は何人ですか。

2. 上田さんの奥さんは働いていますか。

3. 上田さんの実家の隣にはだれが住んでいますか。

語句練習

ご家族(かぞく) 가족(남의 가족)	働(はたら)く 일하다
何人(なんにん) 몇 명	言(い)っている 말하고 있다
妻(つま) 아내	ご両親(りょうしん) 부모님(상대방의)
息子(むすこ) 아들	ご健在(けんざい) 건재
小学生(しょうがくせい) 초등학생	実家(じんか) 본가, 친정
失礼(しつれい) 실례	おかげさまで 덕분에
仕事(しごと) 일, 업무	隣(となり) 옆, 이웃
最近(さいきん) 최근	弟夫婦(おとうとふうふ) 남동생 부부
子供(こども) 아이	安心(あんしん) 안심
手(て)がかからない 수고가 들지 않다	それはいいですね。그거 잘 됐군요

文型練習 

I　AとB、そして

A：ご家族は何人ですか。

B：妻**と**私、**そして**息子が２人で、４人家族です。

❶ 主人／私／娘／息子２人／５人　　❷ 父／母／私／３人

❸ 祖父母／両親／姉／私／６人　　❹ あなたの家族を話しましょう

II　〜たい

最近、子供たちも手がかからなくなったので、働き**たい**です。

1. A：夏休みにどこへ行きたいですか。

　 B：＿＿＿＿＿＿＿＿＿＿＿＿＿＿＿＿＿。

2. A：晩ご飯は、何が食べたいですか。

　 B：＿＿＿＿＿＿＿＿＿＿＿＿＿＿＿＿＿。

3. A：誰か会いたい人がいますか。

　 B：はい、＿＿＿＿＿＿＿＿＿＿＿＿＿＿＿。

4. A：日曜日、何がしたいですか。

　 B：日曜日は＿＿＿＿＿＿＿＿＿＿＿＿＿＿＿。

❶ ハワイ　　❷ 焼き肉

❸ 故郷の母　　❹ 自分のしたいことを話しましょう

III　〜と言っています

1. A：友達は何と言っていますか。

   B：友達は＿＿＿＿＿＿＿＿＿＿＿＿＿＿＿＿＿。

2. A：お兄さんは何と言っていますか。

   B：兄は＿＿＿＿＿＿＿＿＿＿＿＿＿＿＿＿＿。

3. A：田中さんは何と言っていますか。

   B：田中さんは＿＿＿＿＿＿＿＿＿＿＿＿＿。

4. A：お父さんは何と言っていますか。

   B：父は＿＿＿＿＿＿＿＿＿＿＿＿＿＿＿＿＿。

❶ 留学したい　　　　❷ 新しい車がほしい

❸ 日本料理が食べたい　　❹ ゆっくり休みたい

語句練習

夏休(なつやす)み 여름휴가, 여름방학	母(はは) 어머니, 엄마
行(い)きたい 가고 싶다	友達(ともだち) 친구
ハワイ 하와이	留学(りゅうがく) 유학
晩(ばん)ご飯(はん) 저녁 식사	新(あたら)しい 새롭다
食(た)べたい 먹고 싶다	車(くるま) 자동차
焼(や)き肉(にく) 불고기	ほしい 갖고 싶다
だれか 누군가, 누구인가	日本料理(にほんりょうり) 일본요리
会(あ)いたい 만나고 싶다	ゆっくり 푹, 충분하게
故郷(ふるさと) 고향	休(やす)みたい 쉬고 싶다

会話練習 ▶

1. あなたは何人家族ですか。

2. あなたは誰といっしょに住んでいますか。

3. あなたの家族を紹介してください。

4. 最近は、核家族が増えましたが、核家族と大家族についてどう思いますか。

関連語句 ▶

	나의 가족을 부를 때	내 가족을 남에게 말할 때	남의 가족을 부를 때
할아버지	おじいさん	祖父（そふ）	おじいさん
할머니	おばあさん	祖母（そぼ）	おばあさん
아버지	お父（とう）さん	父（ちち）	お父（とう）さん
어머니	お母（かあ）さん	母（はは）	お母（かあ）さん
부모님	**없음**	両親（りょうしん）	ご両親（りょうしん）
부모의 남자 형제	おじさん	おじ	おじさん
부모의 여자 형제	おばさん	おば	おばさん
오빠 · 형	お兄（にい）さん	兄（あに）	お兄（にい）さん
언니 · 누나	お姉（ねえ）さん	姉（あね）	お姉（ねえ）さん
남동생	**이름**	弟（おとうと）	弟（おとうと）さん
여동생	**이름**	妹（いもうと）	妹（いもうと）さん
남편	あなた	夫（おっと）・主人（しゅじん）	ご主人（しゅじん）
부인 · 아내	おまえ・**이름**	家内（かない）	奥（おく）さん
자식 · 자녀	**이름**	子供（こども）	お子（こ）さん
아들	**이름**	息子（むすこ）	息子（むすこ）さん
딸	**이름**	娘（むすめ）	お嬢（じょう）さん

一人（ひとり）っ子（こ）　외아들, 외동딸

兄弟（きょうだい）　형제

長男（ちょうなん）　장남

次男（じなん）　차남

末（すえ）っ子（こ）　막내

核家族（かくかぞく）　핵가족

孫（まご）　손자

姉妹（しまい）　자매

長女（ちょうじょ）　장녀

次女（じじょ）　차녀

大家族（だいかぞく）　대가족

자기 소개 모델 만들기 ▶

1. 이름, 나이, 사는 곳은?

みなさん、はじめまして。わたくしはキム・ミンスと申します。今年で27歳になりました。新村に住んでいます。家族は母と妻、男の子一人と女の子一人の、5人家族です。

2. 취미는?

趣味は旅行です。これまでは主に国内旅行を中心にしましたが、これからは海外にも出てみようと思っています。

3. 저는 ～회사(학교)에 다니고 있습니다.

◇ 私は出版会社に勤めています。

◆ 私は貿易会社に勤めています。

◇ 私はＡ学校に通っています。

4. 부서(전공)는 ~입니다.

　◆ 部署は編集部です。

　◇ 部署は営業部です。

　◆ 学科は日本語学科です。

5. 어떤 일을 한다.

　◇ 企画をして、筆者としての適任者を探し、原稿を依頼し、読みやすく編集することです。

　◆ 最上級の品物を選び、海外の必要な顧客を探し、両方とも満足できる価格で取引できるように交渉することです。

　◇ まだまだ日本語が下手ですが、日本語を使いこなせるように一生懸命勉強しています。

자기 소개 모델 만들기 ▶

6. 어릴 때는 어떤 일을 하고 싶었나?

◇ 私は元々教師になりたかったのですが、教師になれなくて、教育と関係のある語学専門の出版会社を選びました。本を通じても間接的な教育活動ができると判断したからです。

◆ 幼いときは、外交官になり、世界のいろんなところに行ってみたかったのですが、今の貿易の仕事もそれができるので、満足しています。

◇ 中学のとき、世界のいろいろな国の言葉を学び、世界中を旅行してみたかったです。

7. 직업인(학생)으로서의 최종 목표는 무엇인가?

◇ いつかは一生記憶に残るような、いい本を企画・編集したいです。さいわい、このころは一般単行本も出版しており、領域がもっと広くなったので、自分の努力によって、望みの本を作るのにいい条件になれたと思います。

◆ 世界トップの営業マンになるとともに、経営のほうにも感心を持って、韓国または世界トップのCEOになりたいです。

◇ 日本語を使いこなせるようになることだけでなく、日本という国やその文化などを理解し、両国に役に立つ人間になりたいです。

8. 앞의 1~7까지를 정리해서 자기만의 소개 샘플을 만들어 보자.

▶ 06 スポーツ

会話 ▶ 

パク	田中さん、日本で人気があるスポーツは何ですか。
田中	日本では、野球やサッカーが人気があります。
パク	相撲はどうですか。
田中	ええ、相撲もやはり野球やサッカーほどではないんですが、人気があるスポーツです。
パク	そうなんですか。田中さんもよく見ますか。
田中	はい、テレビ中継があるときはよく見ます。
パク	ところで、田中さんはよくどんな運動をしますか。
田中	私は水泳が好きで、週に２回ぐらいは泳いでいます。
パク	じゃ、泳ぎの腕前はかなりのものですね。
田中	泳ぐことに関しては少々自信があります。私のあだなも河童なんですよ。
パク	わァー！ それはすごい。

 内容チェック ▶

1. 日本で人気があるスポーツは何ですか。

2. 田中さんは相撲をよく見ますか。

3. 田中さんは水泳が得意ですか。

語句練習

人気(にんき)がある 인기가 있다	週(しゅう) 주
野球(やきゅう) 야구	泳(およ)ぐ 수영하다
やはり 역시	腕前(うでまえ) 솜씨
～ほどではない ～만큼은 아니다	関(かん)して 관해서
実際(じっさい) 실제	少々(しょうしょう) 조금
テレビ中継(ちゅうけい) TV 중계	自信(じしん)がある 자신이 있다
運動(うんどう) 운동	あだな 별명
水泳(すいえい) 수영	河童(かっぱ) 육지와 수중 양쪽에서 생활이 가능한 상상 속의 동물
好(す)きだ 좋아하다	

文型練習 ▶ 

Ⅰ　〜ほどではないが、〜

A：相撲も人気がありますか。

B：サッカー**ほどではありませんが、**人気があります。

---

1. A：今年の夏も暑いですね。

   B：ええ、＿＿＿＿＿＿＿＿＿＿＿。

2. A：韓国語は難しいですね。

   B：ええ、＿＿＿＿＿＿＿＿＿＿＿。

3. A：今度の先生、少し太っていますね。

   B：ええ、＿＿＿＿＿＿＿＿＿＿＿。

4. A：日本では韓国の映画も人気がありますか。

   B：ええ、＿＿＿＿＿＿＿＿＿＿＿。

❶ 去年の夏／暑い　　　❷ 英語／難しい

❸ 前の先生／太っている　　　❹ アメリカ映画／人気がある

‖ ～に関しては

A：水泳、かなりお上手ですね。

B：泳ぐこと**に関しては**自信があります。

---

1. A：辛い料理は大丈夫ですか。

   B：はい、辛いものを＿＿＿＿＿＿＿＿。

2. A：彼のことをよく知っていますか。

   B：いいえ、＿＿＿＿＿＿＿＿＿＿＿。

3. A：今度の調査はどうなりましたか。

   B：その＿＿＿＿＿＿＿＿＿＿＿＿＿。

4. A：料理、お上手ですね。

   B：＿＿＿＿＿＿＿＿＿＿＿＿＿＿＿。

❶ 食べること／自信がある　　❷ 彼のこと／よく知らない

❸ 調査／明日、報告する　　❹ 料理を作ること／自信がある

語句練習

今年(ことし) 올해

夏(なつ) 여름

暑(あつ)い 덥다

去年(きょねん) 작년

難(むずか)しい 어렵다

今度(こんど) 이번

前(まえ)の先生(せんせい) 이전 선생님

辛(から)い 맵다

大丈夫(だいじょうぶ) 괜찮음

自信(じしん) 자신

知(し)る 알다

調査(ちょうさ) 조사

報告(ほうこく) 보고

上手(じょうず) 잘 함

作(つく)る 만들다

会話練習 ▶

1. あなたはどんなスポーツが好きですか。
   なぜ、好きですか。なぜ、嫌いですか。

2. 韓国で人気があるスポーツは何ですか。
   なぜ、人気がありますか。

3. やってみたいスポーツがありますか。
   それはどんなスポーツですか。

関連語句

スキー 스키	スケート 스케이트
ジョギング 조깅	ボーリング 볼링
ゴルフ 골프	スカッシュ 스쿼시
スキューバダイビング 스쿠버 다이빙	スノーボード 스노우보드
テッコンドー 태권도	バレーボール 배구
バスケットボール 농구	テニス 테니스
バドミントン 배드민턴	サッカー 축구
カヌー 카누	サーフィン 서핑
ラフティング 래프팅	ハンググライダー 행글라이더
パラグライダー 패러글라이더	スカイダイビング 스카이다이빙
マラソン 마라톤	柔道（じゅうどう） 유도
卓球（たっきゅう） 탁구	剣道（けんどう） 검도
水泳（すいえい） 수영	乗馬（じょうば） 승마
運動会（うんどうかい） 운동회	試合（しあい） 시합
競技会（きょうぎかい） 경기대회	体育館（たいいくかん） 체육관
スポーツジム 체육관	運動場（うんどうじょう） 운동장
ダイエット 다이어트	健康（けんこう） 건강
運動不足（うんどうぶそく） 운동 부족	気分転換（きぶんてんかん） 기분 전환
走る（はし） 달리다	投げる（な） 던지다
打つ（う） 치다	滑る（すべ） 미끄러지다
蹴る（け） 차다	跳ぶ（と） 뛰다
時間がない（じかん） 시간이 없다	お金がかかる（かね） 돈이 들다

▶ 07   映画

田中	パクさんは映画が好きですか。
パク	はい、好きで、よく見に行きます。
田中	どんな映画が好きですか。
パク	アクション映画やホラー、アニメなどジャンルに関係なく見ますが、アクション映画ほど面白いものはないと思います。
田中	そうですか。では、パクさんが今まで見た日本映画の中で、一番印象に残っている映画は何ですか。
パク	北野監督によって撮られた「ハナビ」という映画です。ラストシーンが感動的でした。
田中	ベネチア映画祭でグランプリをとった映画でしたね。私も見ましたが、本当に感動しました。

 内容チェック ▶

1. パクさんが一番好きな映画はどんな映画ですか。

2. パクさんが見た日本映画の中で一番印象に残っている映画は何ですか。

3. どうしてパクさんは、その映画が印象に残っていますか。

語句練習

映画(えいが) 영화	印象(いんしょう) 인상
好(す)きだ 좋아하다	残(のこ)っている 남아 있다
アクション映画(えいが) 액션영화	北野監督(きたのかんとく) 기타노 감독
ホラー 호러(공포영화)	～によって ～에 의해
アニメ 애니메이션	撮(と)られた 촬영되었다, 촬영된
ジャンル 장르	～という ～라는
関係(かんけい) 관계	ラストシーン 마지막 장면
～ほど～はない ～만큼 ～은 없다	感動的(かんどうてき) 감동적
面白(おもしろ)い 재미있다	ベネチア映画祭(えいがさい) 베네치아영화제
今(いま)まで 지금까지	
～の中(なか)で ～중에서	グランプリをとる 그랑프리를 타다
一番(いちばん) 제일	本当(ほんとう)に 정말로

文型練習 ▶ 

I ～ほど ～はない

A：アクション映画が好きですか。

B：はい、アクション映画**ほど**面白いもの**はない**と思います。

---

1. A：毎日、ジョギングをしているんですか。

　 B：はい、＿＿＿＿＿＿＿＿＿＿＿＿＿。

2. A：明日は試験があるそうですよ。

　 B：そうですか。＿＿＿＿＿＿＿＿。

3. A：犬は本当にりこうですね。

　 B：ええ、＿＿＿＿＿＿＿＿＿＿＿＿＿。

4. A：インターネットは便利ですね。

　 B：そうですね。＿＿＿＿＿＿＿＿＿。

❶ ジョギング／健康にいいスポーツ　　❷ 試験／嫌なもの

❸ 犬／りこうな動物　　❹ インターネット／便利なもの

II ～の中で ～が 一番～

A：どんな日本映画が印象に残っていますか。

B：日本映画**の中で**、ハナビという映画**が一番**印象に残っています。

---

1. A：高校時代、誰と親しかったですか。

　 B：＿＿＿＿＿＿＿＿＿＿＿＿＿。

2. A：兄弟で、誰が背が高いですか。

　 B：＿＿＿＿＿＿＿＿＿＿＿＿＿＿＿。

3. A：どんな外国語が勉強しやすいですか。

　 B：＿＿＿＿＿＿＿＿＿＿＿＿＿。

4. A：韓国料理は好きですか。

　 B：＿＿＿＿＿＿＿＿＿＿＿＿＿＿＿。

❶ 高校時代の友達／佐藤さん／親しかった　　❷ 兄弟／私／背が高い

❸ 外国語／日本語／勉強しやすい　　❹ 韓国料理／キムチチゲ／好きだ

||| ～によって ～られる

A：誰が撮った映画ですか。

B：北野監督**によって撮られた**映画です。

---

1. A：この絵はだれが描いた絵ですか。

   B：この絵は＿＿＿＿＿＿＿＿＿＿＿＿＿＿＿＿。

2. A：この建物はだれが建てたんですか。

   B：この建物は＿＿＿＿＿＿＿＿＿＿＿＿＿＿＿。

3. A：この服はだれがデザインしたんですか。

   B：この服は＿＿＿＿＿＿＿＿＿＿＿＿＿＿＿＿。

4. A：キリスト教はどんな人が伝えた宗教ですか。

   B：キリスト教は＿＿＿＿＿＿＿＿＿＿＿＿＿＿。

❶ ピカソ／描く   ❷ ガウディー／建てる

❸ アンドレ・キム／デザインする   ❹ 宣教師／伝える

語句練習

ジョギング 조깅	背(せ)が高(たか)い 키가 크다
健康(けんこう) 건강	～しやすい ～하기 쉽다
嫌(いや) 싫음	描(か)く (그림을) 그리다
りこう 영리함	建(た)てる (건물을) 짓다, 세우다
便利(べんり) 편리	伝(つた)える 전(달)하다
親(した)しい 친하다	宣教師(せんきょうし) 선교사

会話練習 ▶

1. あなたは、どんな映画が好きですか。

2. あなたは映画をみるとき、誰といっしょに見ますか。

3. 今まで見た映画の中で、印象に残っている映画がありますか。

   それはどんな映画ですか。

4. あなかの好きな俳優は誰ですか。

🖱 関連語句 ▶

洋画（ようが） 외화	邦画（ほうが） 방화
上映（じょうえい） 상영	封切り（ふうきり） 개봉
字幕（じまく） 자막	SF(エスエフ) 공상과학영화
オカルト映画（えいが） 오컬트영화	喜劇（きげき） 희극
ラブストーリー 러브 스토리	アクション映画（えいが） 액션영화
推理もの（すいり） 추리물	リバイバル 리바이벌
前売り（まえうり） 예매	感激する（かんげき） 감격하다
市民ケイン（しみん） 시민 케인	風と共に去りぬ（かぜ・とも・さ） 바람과 함께 사라지다
ローマの休日（きゅうじつ） 로마의 휴일	地獄の黙示録（じごく・もくしろく） 지옥의 묵시록
スターウォーズ 스타워즈	ベン・ハー 밴허
第三の男（だいさん・おとこ） 제3의 사나이	スティング 스팅
シルミド 실미도	ブラザーフッド 태극기 휘날리며
トム・ハンクス 톰 행크스	ハリソン・フォード 해리슨 포드
キアヌ・リーブス 키아누 리브스	ブラッド・ピット 브래드 피트
オードリー・ヘプバーン 오드리 햅번	イングリッド・バーグマン 잉그리드 버그만
マリリン・モンロー 마릴린 먼로	ジュリア・ロバーツ 줄리아 로버츠

🖱 メモ ▶

▶ 08　音楽

パク	田中さん、日本の若い人はどんな音楽が好きですか。
田中	そうですねえ。アメリカやヨーロッパのヒットチャートに入っている曲とか日本のポピュラー音楽とかが好きみたいですよ。
パク	じゃ、そのような音楽はカラオケでもよく歌うんですか。
田中	はい、日本ではカラオケが隅々まで普及していますから、家族や友達といっしょに楽しんでいます。
パク	そうですか。
田中	韓国でも日本同様、カラオケが人気だと聞いていますが……。
パク	ええ、そうなんです。韓国でも日本のように、いたるところにカラオケ・ボックスがありますから、みんなで楽しんでいます。
田中	では, 私たちも今晩みんなを呼んで、のど自慢でも開きましょうか。
パク	いいですね。さっそく連絡してみましょう。

 内容チェック ▶

1. 日本の若い人はどんな音楽が好きですか。

2. 日本ではカラオケをどんな人たちが楽しんでいますか。

3. 二人は今晩友達を呼んで何をしますか。

語句練習

若(わか)い人(ひと) 젊은이	いっしょに 함께
音楽(おんがく) 음악	楽(たの)しむ 즐기다
ヨーロッパ 유럽	～同様(どうよう) ～같이, ～처럼
ヒットチャート 히트 차트	いたるところに 도처에
入(はい)っている 들어 있다	今晩(こんばん) 오늘밤
～とか～とか ～이나 ～이나	みんな 모두
～みたいだ ～인 것 같다	呼(よ)んで 불러
そのような 그와 같은, 그런	のど自慢(じまん) 노래자랑
カラオケ 노래방	開(ひら)きましょうか 열까요
歌(うた)う 노래하다	さっそく 즉시
隅々(すみずみ) 구석구석	連絡(れんらく) 연락
普及(ふきゅう) 보급	

文型練習 

I 〜とか〜とか

A：どんな音楽が好きですか。

B：ヒット曲**とか**日本のポピュラー音楽**とか**が好きです。

---

1. A：お土産は何がいいですか。

   B：＿＿＿＿＿＿＿＿＿＿＿＿＿＿＿。

2. A：酒の肴は何がいいですか。

   B：＿＿＿＿＿＿＿＿＿＿＿＿＿＿＿。

3. A：ダイエットには何がいいですか。

   B：＿＿＿＿＿＿＿＿＿＿＿＿＿＿＿。

4. A：毎日食べるものには何がいいですか。

   B：＿＿＿＿＿＿＿＿＿＿＿＿＿＿＿。

❶ キムチ／高麗人参　　　　　❷ 新鮮なさしみ／焼魚

❸ 食事制限／運動　　　　　　❹ 自然食／伝統食

II 〜みたいだ

A：彼はどんな音楽が好きなんですか。

B：ポピュラー音楽が好き**みたいですよ**。

---

1. A：彼はどんな料理が好きなんですか。

   B：＿＿＿＿＿＿＿＿＿＿＿＿＿＿＿。

2. A：彼女はどうしたんですか。

   B：＿＿＿＿＿＿＿＿＿＿＿＿＿＿＿。

3. A：田中さんはもう帰りましたか。

   B：＿＿＿＿＿＿＿＿＿＿＿＿＿＿＿。

4. A：彼女は結婚しているんですか。

   B：＿＿＿＿＿＿＿＿＿＿＿＿＿＿＿。

❶ 辛い料理が好きだ　　　　　❷ かぜをひいた

❸ もう帰った　　　　　　　　❹ 結婚している

Ⅲ　〜てみる

A : みんなに連絡してくれますか。

B : はい、さっそく連絡して**みましょう**。

---

1. A : これ、日本で人気がある歌手のCDなんですが……。

   B : そうですか。さっそく＿＿＿＿＿＿＿＿＿＿＿＿。

2. A : あそこに新しいレストランができました。

   B : では、さっそく＿＿＿＿＿＿＿＿＿＿＿＿＿。

3. A : これ、今月の新刊ですよ。

   B : 面白そうですね。さっそく＿＿＿＿＿＿＿＿＿＿。

4. A : これは、今月新発売になった焼酎です。

   B : そうですか。じゃ、さっそく＿＿＿＿＿＿＿＿＿。

❶ 聴く　　　　❷ 行く　　　　❸ 読む　　　　❹ 飲む

語句練習

お土産(みやげ) 여행지에서 사 오는 그 고장의 특산품	もう 이미, 벌써
肴(さかな) 안주	帰(かえ)る 돌아가(오)다
さしみ 생선회	できる 생기다
焼魚(やきざかな) 구운 생선	面白(おもしろ)そうだ 재미있을 것 같다
毎日(まいにち) 매일	新発売(しんはつばい) 처음으로 팔기 시작함
かぜをひく 감기 들다	焼酎(しょうちゅう) 소주

会話練習 ▶

1. あなたは歌を歌ったり、聴いたりするのが好きですか。

2. あなたは、どんな音楽が好きですか。

3. あなたは、コンサートとか音楽会に行ったことがありますか。
   どうでしたか。

4. あなたは、演奏ができますか。それはどんな楽器ですか。

関連語句 ▶

クラシック 클래식	ロック 락
ヒップポップス 힙합	ユーロビート 유로 비트
ニューテクノ 뉴 테크노	ホークソング 포크송
ミュージカル 뮤지컬	オーケストラ 오케스트라
演歌(えんか) 연가	歌曲(かよう) 가곡
歌謡曲(かようきょく) 가요곡	歌詞(かし) 가사
曲(きょく) 곡	メロディー 멜로디
バイオリン 바이올린	ビオラ 비올라
チェロ 첼로	ピアノ 피아노
フルート 플룻	オーボエ 오보에
クラリネット 클라리넷	サクソホーン 색스폰
シンバル 심벌즈	タンバリン 탬버린
ドラム 드럼	チューバ 튜바
ハーモニカ 하모니카	ホルン 호른
ギター 기타	トライアングル 트라이앵글
トランペット 트럼펫	トランボーン 트럼본

メモ ▶

▶ 09　旅行

会話 ▶ 

キム	山田さん旅行に出かけるんですって。
山田	ええ、来週、夏休みを利用して行ってきます。
キム	で、どこへ行くんですか。
山田	江原道です。二泊三日でソラクサンとソクチョに行こうと思っています。
キム	わァー、山も海もですか。一石二鳥ですね。
山田	いいでしょう。ソラクサンでは登山もするつもりです。
キム	でも、山田さんは登山したことがあるんですか。
山田	したことないんですが、友達の話によると、一緒に行くリーさんが登山には慣れているそうなので、安心しています。
キム	そうですか。じゃ、登山用品も準備しましたか。
山田	はい、先日、デパートがセールしたとき、買っておいたんです。
キム	準備万端ですね。

内容チェック ▶

1. 山田さんはどんな休みを利用して旅行に行きますか。

2. 山田さんはソラクサンでは何をするつもりですか。

3. 山田さんは登山用品をこれから買いますか。

語句練習

出(で)かける 외출하다	友達(ともだち)の話(はなし)によると 친구의 이야기에 따르면
〜んですって 〜라면서요	一緒(いっしょ)に 함께
夏休(なつやす)み 여름휴가	安心(あんしん) 안심
利用(りよう)する 이용하다	登山用品(とざんようひん) 등산용품
で 그래서	準備(じゅんび) 준비
二泊三日(にはくみっか) 2박3일	〜なくちゃいけない 〜지 않으면 안 된다
一石二鳥(いっせきにちょう) 일석이조	先日(せんじつ) 일전에
登山(とざん) 등산	セール 세일
つもり 계획, 예정	〜ておいた 〜해 두었다
〜たことがある 〜한 적이 있다	準備万端(じゅんびばんたん) 만반의 준비
〜たことがない 〜한 적이 없다	
慣(な)れている 익숙하다, 능통하다	

文型練習 ▶

I ～んですって

A : 山田さん、旅行に行く**んですって**。
B : ええ、来週行ってきます。

---

1. A : 来週、________________。
   B : うん、ぼくも聞いたよ。

2. A : あの店の________________。
   B : ぼくも一度食べたことがあるけど、おいしかったよ。

3. A : 来週から________________。
   B : ええ、私も天気予報で聞いたわ。

❶ テストがある　　❷ 料理はおいしい　　❸ 梅雨に入る

II ～によると ～そうです

A : 山田さんは登山に慣れているんですか。
B : 友達の話**によると**リーさんは登山に慣れている**そうです**。

---

1. A : あの人は誰ですか。
   B : あの人は________________。

2. A : 部長はいつ引っ越しなさるんですか。
   B : ________________。

3. A : キムさんは、学校を卒業したら、プロ選手になるんですか。
   B : ________________。

❶ 先生の話 / 交換留学生だ　　❷ 山田さんの話 / 日曜日にする
❸ キムさんの話 / プロにはならない

Ⅲ　～ておく（～とく）

A：登山用品も準備しましたか。

B：はい、セールのとき買っ**ておきました。**

---

1. A：どんなお酒を用意すればいいですか。

   B：＿＿＿＿＿＿＿＿＿＿＿＿てください。

2. A：来月、海外旅行をするんです。

   B：じゃ、その国の＿＿＿＿＿＿＿＿＿といいですよ。

3. A：台風が来るそうです。

   B：では、＿＿＿＿＿＿＿＿＿ましょう。

4. A：今年の 10 月に結婚するんです。

   B：じゃ、＿＿＿＿＿＿＿＿＿ましょう。

❶ ビールを用意する　　❷ あいさつを覚える

❸ 食べ物と飲み物を買う　　❹ 予定に入れる

語句練習

店(みせ) 가게	用意(ようい) 준비
梅雨(つゆ) 장마	ビール 맥주
梅雨に入(はい)る 장마에 들다	海外旅行(かいがいりょこう) 해외여행
天気予報(てんきよほう) 일기예보	覚(おぼ)える 외우다
交換留学生(こうかんりゅうがくせい) 교환유학생	台風(たいふう) 태풍
引(ひ)っ越(こ)し 이사	予定(よてい)に入(い)れる 예정에 넣다

1. あなたはよく旅行しますか。

2. あなたは、今までにどんなところを旅行しましたか。
   誰と一緒に行きましたか。

3. 旅行に行ってどんなお土産を買いましたか。

4. 10 日間旅行をするとしたら、どこへどんな旅行がしたいですか。

 関連語句 ▶

こくないりょこう **国内旅行** 국내여행	かいがいりょこう **海外旅行** 해외여행
せかいりょこう **世界旅行** 세계여행	うちゅうりょこう **宇宙旅行** 우주여행
りょこう **ヒッチハイク旅行** 히치하이킹 여행	りょこう **ツアー旅行** 투어여행
りょこう **バックパック旅行** 배낭여행	**キャンプ** 캠핑
けいかく **計画** 계획	にってい **日程** 일정
うみ **海** 바다	かいがん **海岸** 해안
やま **山** 산	けいこく **渓谷** 계곡
ひしょち **避暑地** 피서지	こうげん **高原** 고원
ハワイ 하와이	**ワイキキビーチ** 와이키키해변
ちゅうごく **中国** 중국	ばんり ちょうじょう **万里の長城** 만리장성
ほんこん **香港** 홍콩	やけい **夜景** 야경
おきなわ **沖縄** 오키나와	ほっかいどう **北海道** 홋카이도
おんせん **温泉** 온천	**フランスのパリ** 프랑스 파리
とう **エフェル塔** 에펠탑	**ローマ** 로마
こうげいひん **工芸品** 공예품	くだもの **果物** 과일
にんぎょう **人形** 인형	**アクセサリー** 악세사리

メモ ▶

▶ 10 料理

キム	文子さん、最近はテレビの料理番組が増えましたね。
文子	ええ、私もよく見るんですが、おかずの作り方を教えてくれる番組もあれば、世界の珍しい料理を紹介する番組もありますね。
キム	中には見ているだけでよだれが出そうな料理もありますよ。
文子	まあ、キムさんったら。でもキムさんの言うとおり、本当においしそうですよね。
キム	文子さんもテレビで見た料理を作ってみることがありますか。
文子	はい、録画しといてときどき後で作ってみます。
キム	上手にできますか。
文子	本当においしいかどうかわかりませんが、主人はおいしいと言って食べてくれます。
キム	やさしいご主人ですね。

 内容チェック ▶

1. 最近どんな料理番組が増えましたか。

2. 料理番組の料理はおいしそうですか。

3. 文子さんが料理番組を見て作った料理はおいしいですか。

語句練習

番組(ばんぐみ) 프로그램	**～ったら** ～도 참
増(ふ)える 증가하다, 늘다	**言(い)うとおり** 말한 대로
おかず 반찬	**本当(ほんとう)に** 정말로
作(つく)り方(かた) 만드는 법	**～てみることがある** ～해 보는 일이 있다
～もあれば～もある ～이 있다면 ～도 있다	**～しとく(しておく)** ～해 두다
世界(せかい) 세계	**ときどき** 때때로
珍(めずら)しい 진귀하다	**後(あと)で** 후에, 나중에
紹介(しょうかい) 소개	**～かどうかわからない** ～인지 어떤지 모르다
中(なか)には 개중에는	**食(た)べてくれる** 먹어 주다
よだれが出(で)る 군침이 나오다	**やさしい** 다정하다, 온화하다
まあ 어머!	

文型練習 ▶ 

1 〜もあれば 〜もある

A：どんな料理番組がありますか。

B：おかずの作り方を教える番組**もあれば**世界の珍しい料理を
紹介する番組**もあります**。

---

1. A：この店には、どんな料理がありますか。

   B：＿＿＿＿＿＿＿＿＿＿＿＿＿＿＿＿＿＿＿＿。

2. A：毎朝、早起きしてますか。

   B：＿＿＿＿＿＿＿＿＿＿＿＿＿＿＿＿＿＿＿＿。

3. A：株はもうかりますか。

   B：＿＿＿＿＿＿＿＿＿＿＿＿＿＿＿＿＿＿＿＿。

4. A：お仕事のほうはうまくいっていますか。

   B：＿＿＿＿＿＿＿＿＿＿＿＿＿＿＿＿＿＿＿＿。

❶ 魚料理／肉料理

❷ 早く起きるとき／遅く起きるとき

❸ もうかるとき／損するとき

❹ うまくいくとき／うまくいかないとき

II 　〜かどうかわからない

A：おいしくできますか。

B：本当においしい**かどうかわかりません**。

---

1. A：彼、今日は出席しますか。

   B：さあ、________________________________。

2. A：今晩は雨が降るんですか。

   B：さあ、________________________________。

3. A：あの新しくできたレストラン、おいしいですか。

   B：さあ、________________________________。

4. A：彼女、恋人がいますか。

   B：さあ、________________________________。

❶ 出席する　　　　　❷ 降る

❸ おいしい　　　　　❹ いる

語句練習

魚料理(さかなりょうり) 생선 요리	うまくいかない 잘 안 되다
肉料理(にくりょうり) 고기 요리	クラブ 클럽, 모임
早起(はやお)き 일찍 일어남	若(わか)い 젊다
遅(おそ)く 늦게	年(とし)をとる 나이를 먹다
株(かぶ) 주(식)	出席(しゅっせき) 출석
もうかる 벌다, 이익을 남기다	雨(あめ)が降(ふ)る 비가 내리다
損(そん)する 손해보다	新(あたら)しく 새롭게
うまくいく 잘 되다	恋人(こいびと) 연인, 애인

会話練習 ▶

1. あなたはどんな料理が好きですか。どうしてその料理が好きですか。

2. あなたは嫌いな食べ物がありますか。それは何ですか。

3. 韓国の奥さんたちがよく作る料理のベスト 3 は何ですか。

4. あなたは料理が作れますか。どんな料理が作れますか。

関連語句 ▶

<ruby>辛<rt>から</rt></ruby>い　맵다	<ruby>甘<rt>あま</rt></ruby>い　달다
すっぱい　시다	<ruby>苦<rt>にが</rt></ruby>い　쓰다
しょっぱい　짜다	<ruby>味<rt>あじ</rt></ruby>が<ruby>濃<rt>こ</rt></ruby>い　맛이 진하다
<ruby>味<rt>あじ</rt></ruby>がうすい　맛이 싱겁다	<ruby>香<rt>こう</rt></ruby>ばしい　향기롭다
まろやかだ　순하다	<ruby>焼<rt>や</rt></ruby>く　굽다
<ruby>蒸<rt>む</rt></ruby>す　찌다	<ruby>煮<rt>に</rt></ruby>る　삶다
<ruby>揚<rt>あ</rt></ruby>げる　튀기다	ゆでる　데치다
ご<ruby>飯<rt>はん</rt></ruby>を<ruby>炊<rt>た</rt></ruby>く　밥을 짓다	<ruby>和食<rt>わしょく</rt></ruby>　일본전통음식
うどん　우동	そば　소바, 메밀국수
てんぷら　튀김, 덴푸라	とんかつ　돈까스
どんぶり　덮밥	すし　초밥, 스시
<ruby>焼<rt>や</rt></ruby>き<ruby>魚<rt>ざかな</rt></ruby>　구운 생선	すき<ruby>焼<rt>や</rt></ruby>き　전골, 스키야키
しゃぶしゃぶ　샤브샤브	おにぎり　주먹밥, 오니기리
お<ruby>好<rt>この</rt></ruby>み<ruby>焼<rt>や</rt></ruby>き　오코노미야키	さしみ　(생선)회, 사시미
<ruby>鍋料理<rt>なべりょうり</rt></ruby>　냄비 요리	<ruby>洋食<rt>ようしょく</rt></ruby>　양식
スープ　스프	サラダ　샐러드
ソース　소스	パン　빵
トースト　토스트	ステーキ　스테이크
スパゲッティー　스파게티	オムレツ　오믈렛
ナイフ　나이프	フォーク　포크
スプーン　스푼	ストロー　빨대
ワイン　와인	コーヒー　커피

좋아하는 것 말하기 모델 만들기 ▶

1. 좋아하는 것은?

◇ 私はスポーツが好きです。

◆ 私は映画が好きです。

◇ 私は音楽が好きです。

2. 그 중에서도 제일 좋아하는 것은?

◇ スポーツの中でもサッカーがいちばん好きです。

◆ 映画の中でもホラー映画がいちばん好きです。

◇ 音楽の中でもクラシックがいちばん好きです。

3. 왜 좋아하는가?

◇ サッカーはダイナミックで、団体でやるスポーツなので、協調の精神もやしなえるのです。それに見ているだけでもとても面白いです。

◆ ホラー映画が好きなのは日常生活の中ではなかなか経験できない世界と出会えるし、緊張感あふれる感じがとてもいいからです。

◇ 普通は歌謡曲を聴くほうなんですけど、クラシックは心を癒してくれるような感じがあって、時々聴いています。

4. 주로 언제?

◇ サッカーは日曜日の朝早くから11時ごろまで、やっています。

◆ 映画はふつう金曜の夜、見ます。土日が休みなので、仕事で疲れていても、いちばん余裕があるからです。

◇ クラシックは苦しいときやなんとなく悲しいとき、または気楽に休みたいときなど、週に2、3回聴いています。

5. 누구와 어디에서?

◇ サッカー・クラブがあって、50人ぐらいいます。グランドは高校の運動場を借りて使っています。社会体育ということで、日曜でも開放してくれるのです。

◆ 映画は友達と映画館で見ます。但し、とても忙しくて、見たい映画を見られなかったときは、DVDをかりて見るようにしています。

◇ クラシックはふつう家で一人で聴くのですが、友達のなかにクラシックが好きな友達がいて、ときには一緒に聴くこともあります。

6. 다른 좋아하는 것은?

　　◇ サッカーのほかにはインライン・スケートが好きです。

　　◆ 映画のほかには旅行が好きです。

　　◇ クラシックのほかに、好きなものは特にありません。

7. 이유는?

　　◇ インライン・スケートは運動にもなるし、スリルがあっていいですね。

　　◆ ときには映画に出ていた場所まで行ってみたりもします。

　　◇ ほかのものには、あまり気が向かないのです。

8. 앞의 1~7까지를 정리해서 좋아하는 것 말하기 샘플을 만들어 보자.

▶ 11 日本語の勉強

🔊 会話 ▶ 

田中	パクさんは、いつから日本語の勉強を始めたんですか。
パク	高校３年生のときです。友達から日本のアニメを借りて見たのがきっかけです。
田中	では、どのように勉強したんですか。
パク	最初は、教材を見ながら独学で勉強しました。そして高校卒業後は、市内にある日本語学校に通いました。
田中	本格的に習い始めてどうでしたか。
パク	初めは、韓国語と語順も同じだし、文法もよく似ているのでやさしいと思ったんですが、すればするほど難しくなって大変でした。
田中	そうでしたか。日本語はカタカナの言葉も多いし、漢字の読み方も多様なので、大変かも知れませんね。

内容チェック ▶

1. パクさんはいつから日本語の勉強を始めたんですか。

2. どうして日本語の勉強を始めましたか。

3. なぜ日本語の勉強はすればするほど難しくなりますか。

語句練習

いつから 언제부터	本格的(ほんかくてき) 본격적
始(はじ)める 시작하다	習(なら)い始(はじ)めて 배우기 시작해서
アニメ 애니메이션, 만화영화	語順(ごじゅん) 어순
借(か)りる 빌리다	同(おな)じだし 같고
きっかけ 계기	よく似(に)ている 아주 비슷하다
どのように 어떻게	やさしい 쉽다
最初(さいしょ) 처음, 최초	思(おも)った 생각했다
教材(きょうざい) 교재	すればするほど 하면 할수록
見(み)ながら 보면서	難(むずか)しくなる 어려워지다
独学(どくがく)で 독학으로	大変(たいへん) 힘듦
高校卒業後(こうこうそつぎょうご) 고등학교 졸업 후	言葉(ことば) 말
	読(よ)み方(かた) 읽는 법
通(かよ)う 다니다	多様(たよう) 다양

文型練習 

1 〜ながら

A：どのように勉強しましたか。
B：教材を見**ながら**勉強しました。

1. A：どのように勉強したんですか。

   B：________________________。

2. A：午前中、何をしましたか。

   B：________________________。

3. A：午後は何をしましたか。

   B：________________________。

4. A：友達と何をしましたか。

   B：________________________。

❶ インターネットサイトを見る／勉強する

❷ 音楽を聴く／掃除をする

❸ 鼻歌を歌う／料理を作る

❹ コーヒーを飲む／おしゃべりをする

II **初めは～が、だんだん～なる**

A：日本語はどうですか

B：**初めは**やさしかったんです**が、だんだん**難しく**なりました。**

---

1. A：大学生活はどうですか。

   B：＿＿＿＿＿＿＿＿＿＿＿＿＿＿＿＿＿＿＿＿＿＿＿＿。

2. A：今度、引っ越した町はどうですか。

   B：＿＿＿＿＿＿＿＿＿＿＿＿＿＿＿＿＿＿＿＿＿＿＿＿。

3. A：今度、買った道具はどうですか。

   B：＿＿＿＿＿＿＿＿＿＿＿＿＿＿＿＿＿＿＿＿＿＿＿＿。

4. A：新しい事務員はどうですか。

   B：＿＿＿＿＿＿＿＿＿＿＿＿＿＿＿＿＿＿＿＿＿＿＿＿。

❶ 楽しいかった／つまらない　　❷ 住みにくい／住みやすい

❸ 便利だと思った／不便だ　　❹ いっしょうけんめいにする／なまけるようになる

語句練習

インターネットサイト 인터넷 사이트	つまらない 재미없다
午前中(ごぜんちゅう) 오전중	引(ひ)っ越(こ)す 이사하다
音楽(おんがく)を聴(き)く 음악을 듣다	住(す)みやすい 살기 편하다
掃除(そうじ)をする 청소를 하다	住(す)みにくい 살기 불편하다
鼻歌(はなうた) 콧노래	便利(べんり)だ 편리하다
作(つく)る 만들다	不便(ふべん)だ 불편하다
おしゃべり 수다	なまける 게으름피우다
楽(たの)しい 즐겁다	

会話練習 ▶

1. みなさんは、なぜ日本語の勉強を始めましたか。
   それはいつですか。

2. 日本語の勉強で大変なことは何ですか。

3. 日本語を勉強して、日本のどんなことを知りましたか。

関連語句 ▶

小学校 초등학교	中学 중학교
高校 고등학교	大学 대학
目的 목적	専攻する 전공하다
就職する 취직하다	専攻を生かす 전공을 살리다
通訳 통역	翻訳 번역
進学 진학	貿易 무역
音読み 음독	訓読み 훈독
名詞 명사	漢字 한자
形容詞 형용사	形容動詞 형용동사
活用 활용	変化 변화
副詞 부사	助詞 조사
助動詞 조동사	外来語 외래어
覚えにくい 배우기 어렵다	おもしろい 재미있다
文化 문화	経済 경제
事情 사정	政治 정치
社会 사회	国民性 국민성
伝統 전통	地震 지진

メモ ▶

▶ 12 誕生日

会話 

パク	佐藤さんの誕生日はいつですか。
佐藤	私の誕生日は、4月20日です。今年38歳になりました。
パク	今年の誕生日はどうでしたか。
佐藤	家族や友達が祝ってくれました。
パク	じゃ、プレゼントももらったんですか。
佐藤	はい、花束やネクタイをもらいました。
パク	わァ、うらやましいですねえ。
佐藤	それに、カメラマンの友達がパーティーの時、すてきな写真をたくさん撮ってくれました。
パク	それはいい思い出になりましたね。

💡 内容チェック ▶

1. 佐藤さんは今年何歳になりましたか。

2. 佐藤さんの誕生日に、だれが祝ってくれましたか。

3. 佐藤さんの誕生日に、カメラマンの友達は何をしてくれましたか。

語句練習

誕生日(たんじょうび) 생일	**ネクタイ** 넥타이
いつ 언제	**うらやましい** 부럽다
今年(ことし) 금년, 올해	**それに** 게다가
〜になる 〜이(가) 되다	**カメラマン** 카메라 맨
祝(いわ)う 축하하다	**パーティー** 파티
〜てくれる 〜해 주다	**すてきな写真(しゃしん)** 멋진 사진
プレゼント 선물	**たくさん** 많이
もらう 받다	**撮(と)る** (사진을) 찍다
花束(はなたば) 꽃다발	**いい思(おも)い出(で)** 좋은 추억

文型練習 ▶

I ～になる

> A：佐藤さんはおいくつですか。
> B：今年、38歳**になり**ました。

1. A： 工事が終わりましたね。

   B： ええ、工事が終わって辺りが＿＿＿＿＿＿。

2. A： この町にも地下鉄ができたんですね。

   B： ええ、地下鉄ができて＿＿＿＿＿＿＿。

3. A： あの歌手の歌、とてもヒットしましたね。

   B： だから彼女は＿＿＿＿＿＿＿＿＿＿。

4. A： 毎朝、ジョギングをしているんですか。

   B： はい、おかげで＿＿＿＿＿＿＿＿＿。

❶ 静かだ　　❷ 便利だ

❸ 有名だ　　❹ 元気だ

II ～に～をもらう

> A： どんなプレゼントをもらったんですか。
> B： ＿＿＿＿＿に＿＿＿＿＿を　もらいました。

❶ 恋人／ピアス　　❷ 同僚／時計

❸ 後輩／セーター　　❹ 友達／本

Ⅲ　〜てくれる

A：誕生日はどうでしたか。

B：みんなが祝っ**てくれました**。

---

1. A：一人で日本語の手紙を書いたんですか。

   B：いいえ、田中さんが＿＿＿＿＿＿＿＿＿＿。

2. A：この料理、キムさんが作ったんですか。

   B：いいえ、紀子さんが＿＿＿＿＿＿＿＿＿＿。

3. A：このテープ、誰が録音しましたか。

   B：田中さんが＿＿＿＿＿＿＿＿＿＿。

4. A：キムさん、この漢字よくわかりましたね。

   B：実は、田中さんが＿＿＿＿＿＿＿＿＿＿。

❶ 書く　　　　　　❷ 作る
❸ 録音する　　　　❹ 教える

語句練習

工事（こうじ）공사	ピアス 피어스
終（お）わる 끝나다	同僚（どうりょう）동료
静（しず）か 조용함	手紙（てがみ）편지
おかげで 덕분에	作（つく）る 만들다
贈（おく）り物（もの）선물	録音（ろくおん）녹음
恋人（こいびと）연인, 애인	漢字（かんじ）한자

1. あなたの誕生日はいつですか。それは陽暦ですか、陰暦ですか。

2. 誕生日にどんなプレゼントをもらいましたか。

3. あなたは、誕生日に何を食べますか。

4. 今度の誕生日にもらいたいものがありますか。それは何ですか。

 関連語句

日本語	한국어	日本語	한국어
^{いんれき}陰暦	음력	^{ようれき}陽暦	양력
お祝^{いわ}い	축하 또는 축하 선물	プレゼント	선물
もらう	받다	やる	주다
くれる	(남이 나에게) 주다	くださる	(나에게) 주시다
あげる	(남에게) 주다	さしあげる	드리다
わかめスープ	미역국	^{せきはん}赤飯	팥밥
^{しょうたい}招待する	초대하다	パーティー	파티
ケーキ	케이크	^{はなたば}花束	꽃다발
^{かんぱい}乾杯をする	건배를 하다	^{おく}贈り^{もの}物	선물
^{けしょうひん}化粧品	화장품	^{こうずい}香水	향수
^{ゆびわ}指輪	반지	^{にんぎょう}人形	인형
^{さいふう}財布	지갑	イヤリング	귀걸이
^{とけい}時計	시계	ネックレス	목걸이
^{ふく}服	옷	ベルト	벨트
^{ほん}本	책	ろうそく	초(촛불)

メモ

▶ 13 私の友達

🔉 会話 ▶ 

キム	紀子さんは、仲がいい友達が何人ぐらいいるんですか。
紀子	そうですねえ。友達はあまり多いほうではありませんが、３人います。３人とも長い間、付き合っている友達です。
キム	そうですか。いつからの友達なんですか。
紀子	みんな中学時代の同級生で、三年間同じクラスでした。
キム	わァ、じゃ、もう十年以上ですね。
紀子	ええ、そうです。
キム	今でもよく会っているんですか。
紀子	最近はいそがしくてあまり会えませんが、会えばおしゃべりしたり、悩み事の相談にのったりします。
キム	それはいいですね。

内容チェック ▶

1. 紀子さんは友達が多いほうですか。

2. 紀子さんの親しい友達はいつからの友達ですか。

3. 紀子さんは、最近どうしてあまり友達に会えませんか。

語句練習

仲(なか)が良(よ)い 사이가 좋다	同(おな)じ 같음
ぐらい 정도, 가량	クラス 반
そうですねえ 글쎄요	以上(いじょう) 이상
あまり 별로, 그다지	今(いま) 지금
多(おお)いほうではない 많은 편이 아니다	よく 잘, 자주
みんな 모두	会(あ)っている 만나고 있다
三人(さんにん)とも 세 명 모두	最近(さいきん) 최근
長(なが)い間(あいだ) 오랜 동안	いそがしくて 바빠서
付(つ)き合(あ)っている 사귀고 있다	会(あ)えませんが 못 만나지만
いつから 언제부터	会(あ)えば 만나면
中学時代(ちゅうがくじだい) 중학생 시절	おしゃべりをする 수다를 떨다
同級生(どうきゅうせい) 동급생	悩(なや)み事(ごと) 고민거리
三年間(さんねんかん) 3년 간	相談(そうだん)にのる 상담에 응하다

 **文型練習** ▶ 

Ⅰ 〜ほうだ

A : 友達は多いですか。

B : あまり多い**ほう**ではありません。

---

1. A : お父さんはきびしいですか。

   B : いいえ、あまり＿＿＿＿＿＿。

2. A : 好き嫌いがありますか。

   B : いいえ、あまり＿＿＿＿＿＿。

3. A : 韓国人は情が深いですか。

   B : はい、＿＿＿＿＿＿＿＿。

4. A : 日本人は勤勉ですか。

   B : はい、＿＿＿＿＿＿＿＿＿＿。

❶ きびしくない　　　❷ 好き嫌いがない

❸ 情が深い　　　❹ 勤勉だ

Ⅱ 〜て〜

A : 友達によく会いますか。

B : 最近、いそがしく**て**あまり会えません。

---

1. A : この本が読めますか。

   B : いいえ、＿＿＿＿＿＿＿＿＿＿。

2. A : この機械は使えますか。

   B : いいえ、＿＿＿＿＿＿＿＿＿＿。

3. A : この料理が食べられますか。

   B : いいえ、＿＿＿＿＿＿＿＿＿＿。

4. A : もう少し歩けますか。

   B : いいえ、＿＿＿＿＿＿＿＿＿＿。

❶ この本は難しい　　　❷ この機械は古い

❸ この料理は辛い　　　❹ 足が痛い

Ⅲ ～たり ～たりする

A： 友達に会ったら、何をしますか。

B： おしゃべりをし**たり**、相談にのっ**たりします**。

---

1. A： 日曜日に何をしますか。

   B： ＿＿＿＿＿＿＿＿＿＿＿＿＿＿。

2. A： 週末に何をしますか。

   B： ＿＿＿＿＿＿＿＿＿＿＿＿＿＿。

3. A： 会社ではどんな仕事をしますか。

   B： ＿＿＿＿＿＿＿＿＿＿＿＿＿＿。

4. A： 夏休みには何をしますか。

   B： ＿＿＿＿＿＿＿＿＿＿＿＿＿＿。

❶ DVD を見る / 本を読む

❷ 買い物をする / デートをする

❸ 書類を作成する / 会議の準備をする

❹ 日本語を習う / ボランティアをする

語句練習

きびしい 엄하다	少(すこ)し 조금, 약간
あまり 그다지, 별로	ビデオを見(み)る 비디오를 보다
好(す)き嫌(きら)い 좋고 싫음	買(か)い物(もの) 쇼핑, 물건 사기
情(じょう)が深(ふか)い 정이 깊다	デートをする 데이트를 하다
勤勉(きんべん)だ 근면하다	書類(しょるい) 서류
難(むずか)しい 어렵다	作成(さくせい) 작성
機械(きかい) 기계	習(なら)う 배우다
古(ふる)い 오래되다, 낡다	ボランティア 자원봉사
辛(から)い 맵다	

1. あなたは友達が多いですか。

2. 友達とはいつから付き合っていますか。

３. 友達に会うとき何をしますか。

４. 友達のどんなところがあなたに合いますか。

５. 友達とけんかをしたことがありますか。理由は何でしたか。

 関連語句 ▶

親友 친한 친구	幼なじみ 어릴 적 친구
高校時代 고등학교 시절	似ている 닮다
食事をする 식사를 하다	お酒を飲む 술을 마시다
映画を見る 영화를 보다	スポーツをする 운동을 하다
おしゃべりをする 수다를 떨다	旅行をする 여행을 하다
相談する 상담하다	討論を楽しむ 토론을 즐기다

コンピューター・ゲームをする 컴퓨터 게임을 한다

カラオケボックスで歌を歌う 노래방에서 노래를 한다

性格がいい 성격이 좋다	朗らかだ 명랑하다
やさしい 상냥하다, 다정하다	活発だ 활발하다
楽天的だ 낙천적이다	理解する 이해하다

人生を真面目に生きる 인생을 진지하게 살다

自分にはないことを持っている 나에게는 없는 것을 가졌다

誤解する 오해하다	意見の差 의견 차이

メモ ▶

▶ 14　結婚

会話 ▶

田中	キムさん、韓国の人はたいてい何歳ぐらいで結婚するんですか。
キム	人によって多少違いますけど、男性はだいたい30歳ぐらいです。韓国は兵役のため日本の男性より少し遅れるかも知れません。
田中	そうですか。失礼ですが、キムさんの場合は。
キム	私の場合は、大学卒業後すぐ結婚式を挙げました。
田中	わァー。すごいですね。卒業してすぐにですか。
キム	ええ、てれくさい話ですが、妻が年上だったものですから。
田中	うらやましいですね。
キム	何がですか。
田中	キムさんの奥さんのことです。日本では年上の嫁は金のわらじをはいてでも探せという言葉があるくらい、貴重だと言われているんですよ。

内容チェック

1. 韓国の男性はなぜ日本の人より結婚が遅れますか。

2. キムさんはいつ結婚しましたか。

3. キムさんはなぜ、早く結婚しましたか。

語句練習

たいてい 대부분

何歳(なんさい) 몇 살

ぐらい 정도

〜によって 〜에 따라

多少(たしょう) 다소

違(ちが)う 다르다

だいたい 대체로

兵役(へいえき) 병역

遅(おく)れる 늦어지다

〜かも知(し)れない 〜일지도 모른다

失礼(しつれい) 실례

卒業後(そつぎょうご) 졸업 후

結婚式(けっこんしき) 결혼식

挙(あ)げる 올리다, 거행하다

すごいですね 대단하군요

すぐに 곧바로

てれくさい 겸연쩍다

年上(としうえ) 연상

〜ものですから 〜니까

うらやましい 부럽다

〜のことですよ 〜에 관한 일 말이에요

嫁(よめ) 신부, 며느리

金(きん)のわらじ 금 짚신

はく(履く) (신발을) 신다, (바지를) 입다

はいてでも 신고라도

探(さが)せ 찾아라

貴重(きちょう) 귀중, 아주 중요

言(い)われる 일컬어지다, 말해지다

文型練習 ▶

Ⅰ　～によって

A：何歳ぐらいで結婚するんですか。

B：人によって違いますが、だいたい30歳ぐらいです。

---

1. A：今日は雨が降りますか。

   B：＿＿＿＿＿＿＿＿＿＿＿、雨が降るそうです。

2. A：この事件、裁判所に訴えるんですか。

   B：＿＿＿＿＿＿＿＿＿＿＿、裁判所に訴えます。

3. A：スケジュールの変更はありませんか。

   B：＿＿＿＿＿＿＿＿＿＿＿、スケジュールを変更します。

❶ 所　　　　　❷ 相手の態度　　　　　❸ 天気

Ⅱ　～かも知れない

A：時間どおり出発しますか。

B：いいえ、少し遅れるかもしれません。

---

1. A：インドには和食の店がありますか。　2. A：今晩、雨が降りますか。

   B：インドには、＿＿＿＿＿＿＿＿＿。　　　B：ええ、＿＿＿＿＿＿＿＿＿＿＿＿＿。

3. A：今日、お客さんが来ますか。　　　4. A：あの方は社長ですか。

   B：ええ、＿＿＿＿＿＿＿＿＿＿＿。　　　B：身なりを見ると、＿＿＿＿＿＿＿。

❶ 和食の店がない　　　　❷ 今晩、雨が降る

❸ お客さんが来る　　　　❹ あの人が社長だ

Ⅲ　〜ものですから

A：どうして早く結婚したんですか。

B：妻が年上だった**ものですから**。

---

1. A：どうして欠席したんですか。

   B：＿＿＿＿＿＿＿＿＿＿＿＿＿＿＿＿＿。

2. A：どうしてタクシーで来たんですか。

   B：＿＿＿＿＿＿＿＿＿＿＿＿＿＿＿＿＿。

3. A：どうして買ったんですか。

   B：＿＿＿＿＿＿＿＿＿＿＿＿＿＿＿＿＿。

❶ 娘がかぜをひいた　　❷ 道がわからなかった　　❸ 店の人が便利だと言った

語句練習

雨(あめ)が降(ふ)る 비가 오다　　　　変更(へんこう) 변경

所(ところ) 곳, 장소　　　　　　　　天気(てんき) 날씨

降(ふ)るそうです (비가) 온다고 합니다　　和食(わしょく) 일본 음식

事件(じけん) 사건　　　　　　　　　方(かた) 분(제3자를 높여 부르는 말)

裁判(さいばん) 재판　　　　　　　　娘(むすめ) 딸

訴(うった)える 소송하다　　　　　　かぜをひく 감기 들다

相手(あいて) 상대　　　　　　　　　わからない 모르다

態度(たいど) 태도　　　　　　　　　店(みせ)の人(ひと) 가게를 보는 사람

スケジュール 스케줄　　　　　　　　便利(べんり) 편리함

会話練習 ▶

1. あなたは結婚していますか。

2. （結婚している人）何歳のとき結婚しましたか。

（結婚していない人）何歳ぐらい結婚しようと思っていますか。

3. あなたはどんな結婚式がしたいですか。

（例）立派な結婚式　地味な結婚式　伝統的な結婚式

4. あなたが、結婚を決める（決めた）条件は何ですか。

関連語句

^{なこうど}
仲人 중매인　　　**お見合い** 맞선

婚礼品 혼례품　　　**結納をかわす** 약혼예물을 교환하다

ウエディングドレス 웨딩드레스　　　**指輪** 반지

婚約者 약혼자　　　**結婚適齢期** 결혼적령기

新郎 신랑　　　**新婦** 신부

花婿 신랑　　　**花嫁** 신부

お色直し 신부가 다른 옷으로 갈아입음　　　**結婚式場** 결혼식장

神前結婚 신사에서의 결혼　　　**仏式** 불교식

キリスト教式 기독교식　　　**披露宴** 피로연

かいろうの契り 백년해로의 언약　　　**新婚旅行** 신혼여행

金持ち 부자　　　**性格のいい人** 성격이 좋은 사람

スマートな人 스마트한 사람　　　**健康な人** 건강한 사람

亭主関白 폭군 같은 남편　　　**かかあ天下** 엄처시하

独身主義 독신주의　　　**独身で生きていく** 독신으로 살아가다

メモ

▶ 15　ペット

🔊 会話 

パク	西田さんは動物を飼ったことがありますか。
西田	はい、幼いころ、犬を飼ったことがあります。家族みんなでえさをやったり、散歩をさせたりしてかわいがっていました。
パク	何という名前だったんですか。
西田	名前はエスといって、とても利口な犬だったんですよ。
パク	じゃ、そのエスとの思いでも多いんじゃないですか。
西田	はい、私が幼稚園から帰ってくると毎日、家の門の前で私を待っててくれたことを今でもよく覚えています。
パク	本当に利口な犬だったんですね。
西田	はい、エスは体も大きかったので、私がエスの背中にまたがって遊んでいる写真も残っています。でも、そのエスに死なれたときは本当に悲しかったです。
パク	そうですか。それは残念でした。

内容チェック ▶

1. 西田さんはいつ犬を飼いましたか。

2. 西田さんが飼ったエスはどんな犬でしたか。

3. エスが死んだとき西田さんはどんな気持でしたか。

語句練習

動物(どうぶつ) 동물	前(まえ) 앞
飼(か)う 기르다	待(ま)っている 기다리고 있다
幼(おさな)い 어리다	今(いま) 지금
頃(ころ) 즈음, 경	覚(おぼ)えている 기억하고 있다
犬(いぬ) 개	本当(ほんとう)に 정말로
えさをやる 먹이를 주다	体(からだ) 몸
散歩(さんぽ) 산책	背中(せなか) 키, 덩치
させる 시키다	またがる 올라타다
かわいがる 귀여워하다	遊(あそ)ぶ 놀다
利口(りこう) 영리함, 똑똑함	写真(しゃしん) 사진
思(おも)い出(で) 추억	残(のこ)る 남다
幼稚園(ようちえん) 유치원	死(し)ぬ 죽다
毎日(まいにち) 매일	悲(かな)しい 슬프다
門(もん) 문	残念(ざんねん)だ 유감스럽다

文型練習 ▶

I 〜させる

A : 犬をどのように飼いましたか。

B : えさをやったり、散歩を**させ**たりしました。

---

1. A : 宴会のとき、部下に何をさせましたか。

   B : 部下に＿＿＿＿＿＿＿＿＿＿＿＿＿＿＿＿。

2. A : 先生は学生に何をさせましたか。

   B : 学生に＿＿＿＿＿＿＿＿＿＿＿＿＿＿＿＿。

3. A : 先輩は後輩に何をさせましたか。

   B : 後輩に＿＿＿＿＿＿＿＿＿＿＿＿＿＿＿＿。

❶ 歌を歌う　　　❷ 漢字を覚える　　　❸ 洗濯をする

II 〜がっている

A : どのように飼いましたか。

B : みんなでとてもかわい**がっていました**。

---

1. A : ペットに死なれた彼女、どうでしたか。

   B : とても＿＿＿＿＿＿＿＿＿＿＿＿＿＿＿＿。

2. A : 一人暮らしを始めた彼、どうでしたか。

   B : とても＿＿＿＿＿＿＿＿＿＿＿＿＿＿＿＿。

3. A : 新しい会社に就職した彼、どうですか。

   B : とても＿＿＿＿＿＿＿＿＿＿＿＿＿＿＿＿。

❶ かなしい　　　❷ さびしい　　　❸ うれしい

III 〜られる

A：エスが死んだときはどうでしたか。

B：エスに死な**れて**本当に悲しかったです。

1. A： 今朝は雨が降りましたね。

   B： ええ、雨に＿＿＿＿＿＿＿＿＿＿＿＿＿。

2. A： 今日は秘書の方が休んだんですか。

   B： はい、秘書に＿＿＿＿＿＿＿＿＿＿＿＿＿。

3. A： 夜遅く、友達が来ていたようですね。

   B： 夜遅く友達に＿＿＿＿＿＿＿＿＿＿＿＿＿。

❶ 雨が降る／困った　　　　❷ 秘書が休む／困った

❸ 夜遅く友達が来る／困った

語句練習

宴会(えんかい) 연회	一人暮(ひとりぐら)し 독신생활
歌(うた)を歌(うた)う 노래를 부르다	さびしい 외롭다
漢字(かんじ) 한자	就職(しゅうしょく) 취직
覚(おぼ)える 외우다	うれしい 기쁘다
先輩(せんぱい) 선배	今朝(けさ) 오늘 아침
後輩(こうはい) 후배	困(こま)る 곤란하다, 난처하다
洗濯(せんたく)をする 세탁을 하다	方(かた) 분(제3자를 높이는 말)
ペット 애완동물	夜遅(よるおそ)く 밤 늦게
死(し)ぬ 죽다	

会話練習 ▶

1. みなさんは、動物や鳥が好きですか。それはなぜですか。

2. 動物や鳥を飼ったことがありますか。

3. ペットを飼うとしたら、どんなペットが飼いたいですか。

4. 韓国の昔話にはどんな動物がよく出てきますか。

関連語句 ▶

にんげん　ちが
人間と違う　사람과 다르다

かわいい　귀엽다

いぬごや
犬小屋　개집

ペットショップ　애완동물 숍

どうぶつ
動物アレルギー　동물 알레르기

おとなしい　얌전하다

とうろく
登録する　등록하다

な
鳴く　울다

どうぶつぎゃくたい
動物虐待　동물학대

いぬ
犬　개

ハムスター　햄스터

リス　다람쥐

カナリア　카나리아

イグアナ　이구아나

うさぎ
兎　토끼

たつ　お　　　　　ご
タツノオトシゴ(竜の落とし子)　해마

うら ぎ
裏切りをしない　배신을 하지 않는다

なつく　잘 따르다

とり
鳥かご　새집

どうぶつびょういん
動物病院　동물병원

うるさい　시끄럽다

よ ぼうちゅうしゃ
予防注射　예방주사

こう び
交尾させる　교미시키다

ほ
吠える　짖다

みつりょう
密漁　밀렵

ねこ
猫　고양이

さる
猿　원숭이

コアラ　코알라

オウム　앵무새

かめ
亀　거북이

きんぎょ
金魚　금붕어

メモ ▶

▶ 16　買い物

会話 ▶ 

吉田	ヨンヒさんはよく買い物をしますか。
英姫	ええ、ショッピングは大好きです。
吉田	では、毎月お小遣いが足りないんじゃないですか。
英姫	いいえ、実はショッピングといっても、私が好きなのはウインドーショッピングなんです。
吉田	なんだ、そうなんですか。でも、いろいろな服を見ていると、ついほしくなって衝動買いをしてしまうこともあるんじゃないですか。
英姫	ええ、この間も白いワンピースを買っちゃいました。
吉田	デパートで買ったんですか。
英姫	いいえ、東大門市場で買いました。市場でもよく選べばデパートの商品とあまり変らないものが買えるんですよ。
吉田	ヨンヒさんは買物上手ですね。
英姫	まだ、親のすねをかじっていますから。

💡 内容チェック ▶

1. ヨンヒさんが好きなことは何ですか。

2. ヨンヒさんは衝動買いで何を買いましたか。

3. ヨンヒさんはなぜ、市場で買物をしますか。

語句練習

ショッピング 쇼핑	衝動買(しょうどうが)い 충동구매
大好(だいす)きだ 대단히 좋아하다	～してしまう ～해 버린다
足(た)りない 부족하다	この間(あいだ) 요전에
実(じつ)は 사실은	買(か)っちゃいました 사 버렸습니다
～といっても ～라고 해도	東大門(ドンデムン) 동대문
ウインドーショッピング 윈도우 쇼핑	選(えら)べば 고르면
なんだ 뭐야	変(か)わらない 차이가 없다
服(ふく) 옷	買物上手(かいものじょうず) 쇼핑에 능숙함
見(み)ていると 보고 있으면	
つい 그만	親(おや)のすねをかじる 부모님께 의지해 살다
ほしくなる 가지고 싶어지다	

文型練習 ▶

I ～と

A：どんなとき衝動買いしますか。

B：服を見ていると、ついほしくなっちゃうんです。

---

1. A：おじいさんは散歩にでかけたんですか。

   B：はい、＿＿＿＿＿＿＿＿＿＿＿＿＿＿＿＿＿。

2. A：隣の犬、よく吠えますね。

   B：ええ、＿＿＿＿＿＿＿＿＿＿＿＿＿＿＿＿＿。

3. A：頭がいたいんですか。

   B：ええ、＿＿＿＿＿＿＿＿＿＿＿＿＿＿＿＿＿。

❶ 天気がいい／散歩に行く　　❷ 知らない人を見る／よく吠える

❸ お酒を飲む／頭が痛くなる

II ～てしまう（＝～ちゃう）

A：何を買ったんですか。

B：ワンピースを買ってしまいました（＝買っちゃいました）。

---

1. A：この本、読みましたか。

   B：はい、＿＿＿＿＿＿＿＿＿＿＿。

2. A：論文、もう書きましたか。

   B：はい、＿＿＿＿＿＿＿＿＿＿＿。

3. A：子供たちはもう、眠りましたか。

   B：ええ、＿＿＿＿＿＿＿＿＿＿＿。

4. A：バスの中にかさを忘れたんですか。

   B：ええ、＿＿＿＿＿＿＿＿＿＿＿。

❶ もう読んだ　　❷ もう全部書いた　　❸ 疲れて眠った　　❹ バスの中に忘れた

Ⅲ ～ば

A: 市場の品物はどうですか。

B: よく選べ**ば**いいものが買えます。

---

1. A: よく見えますか。

   B: はい、＿＿＿＿＿＿＿＿＿＿＿＿＿＿＿＿＿＿＿。

2. A: 来週の登山に行きますか。

   B: はい、＿＿＿＿＿＿＿＿＿＿＿＿＿＿＿＿＿＿＿。

3. A: よく売れますか。

   B: はい、＿＿＿＿＿＿＿＿＿＿＿＿＿＿＿＿＿＿＿。

❶ めがねをかける／よく見える　　❷ 足が痛くない／行く
❸ 品質がよい／よく売れる

語句練習

でかける 외출하다	疲(つか)れる 피곤하다, 지치다
吠(ほ)える 짖다	忘(わす)れる 잊다
知(し)らない人(ひと) 모르는 사람	見(み)える 보이다
頭(あたま)が痛(いた)い 머리가 아프다	めがねをかける 안경을 쓰다
お酒(さけ)を飲(の)む 술을 마시다	登山(とざん) 등산
もう 이미, 벌써	売(う)れる 팔리다
全部(ぜんぶ) 전부, 다, 모두	品質(ひんしつ) 품질
眠(ねむ)る 잠들다	

会話練習 ▶

1. あなたはよく買物に行きますか。誰といっしょに行きますか。

2. あなたは、買いたいものがあるとき、どこで買いますか。

3. 買物をするとき、何を重視しますか。
   （価格、ブランド、品質、流行など）

4. 今、何かほしい（買いたい）ものがありますか。

関連語句 ▶

家族 가족	父 아버지
母 어머니	友達 친구
スーパー 슈퍼마켓	量販店 양판점
ディスカウント店 할인점	デパート 백화점
カールプ 까루프	ウォールマート 월마트
市場 시장	100円ショップ 100 엔숍
値段 값, 가격	流行 유행
高い 비싸다	安い 싸다
品質がいい 품질이 좋다	メーカー 메이커, 제조사
よく似合う 잘 어울리다	サイズが合う 사이즈가 맞다
国産 국산	外国製 외제
売り場 매장	電化製品 전자제품
デジタル・テレビ 디지털 TV	携帯電話 휴대전화
パソコン 컴퓨터	DVDプレーヤー DVD 플레이어
オーディオセット 오디오세트	時計 시계
家具 가구	食器 식기
洋服 옷	インラインスケート 인라인스케이트

メモ ▶

▶ 17　アルバイト

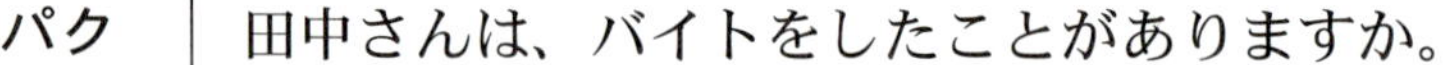

会話

パク	田中さんは、バイトをしたことがありますか。
田中	ええ、学生時代にはよくしました。
パク	どんなバイトをしたんですか。
田中	家庭教師や皿洗いなどいろいろしました。
パク	忘れられないバイトがありますか。
田中	ええ、コンサート会場の準備をするバイトをしたんですが、重い機材を運ばされたり、高い場所にライトを設置させられたり、とても大変でした。
パク	そうですか。大変でしたね。
田中	でも、コンサートはただで見られたし、バイト代もよかったので、やった甲斐がありました。
パク	それはよかったですね。

 内容チェック ▶

1. 田中さんは学生時代、どんなバイトをしましたか。

2. 田中さんが忘れられないバイトはどんなバイトですか。

3. 田中さんは、上のバイトをして後悔しましたか。

語句練習

バイト(アルバイト) 아르바이트	機材(きざい) 기재
～たことがある ～한 적이 있다	運(はこ)ばされる 나르도록 하다
家庭教師(かていきょうし) 가정교사	場所(ばしょ) 장소
皿洗(さらあら)い 접시닦이	ライト 라이트
～や～など ～과 ～ 등	設置(せっち) 설치
いろいろ 여러 가지	ただ 공짜, 무료
忘(わす)れられない 잊혀지지 않는	バイト代(だい) 아르바이트비
コンサート 콘서트	甲斐(かい) 보람
会場(かいじょう) 회장	よかったですね 좋았겠군요
準備(じゅんび) 준비	後悔(こうかい) 후회

文型練習 ▶

Ⅰ ～たことがある（あります）／ない（ありません）

A：田中さんはバイトを**したことがあります**か。

B：ええ、**したことがあります**。

---

1. A：ビビンバを＿＿＿＿＿＿＿＿＿。

   B：はい、＿＿＿＿＿＿＿＿＿。

2. A：フランスに＿＿＿＿＿＿＿＿＿。

   B：はい、＿＿＿＿＿＿＿＿＿。

3. A：日本の歌を＿＿＿＿＿＿＿＿＿。

   B：いいえ、＿＿＿＿＿＿＿＿＿。

4. A：この本を＿＿＿＿＿＿＿＿＿。

   B：いいえ、＿＿＿＿＿＿＿＿＿。

❶ 食べる　　　❷ 行く

❸ 歌う　　　❹ 読む

Ⅱ ～や～など

A：どんなバイトをしたんですか。

B：**家庭教師や皿洗いなど**をしました。

---

1. A：どんな日本料理がありますか。

   B：＿＿＿＿＿＿＿＿＿。

2. A：どこの国の人が来ましたか。

   B：＿＿＿＿＿＿＿＿＿。

3. A：どんな色が好きですか。

   B：＿＿＿＿＿＿＿＿＿。

4. A：デパートで何を買いましたか。

   B：＿＿＿＿＿＿＿＿＿。

❶ てんぷら／しゃぶしゃぶ　　❷ アメリカ／中国

❸ みどり色／みず色　　❹ セーター／スカート

Ⅲ ～させられる

A：どんな仕事をしたんですか。

B：ライトを設置**させられました**。

1. A：先輩にどんなことをさせられましたか。

   B：＿＿＿＿＿＿＿＿＿＿＿＿＿＿＿＿＿＿。

2. A：お母さんに何をさせられましたか。

   B：＿＿＿＿＿＿＿＿＿＿＿＿＿＿＿＿＿＿。

3. A：上司に何をさせられましたか。

   B：＿＿＿＿＿＿＿＿＿＿＿＿＿＿＿＿＿＿。

4. A：先生に何をさせられましたか。

   B：＿＿＿＿＿＿＿＿＿＿＿＿＿＿＿＿＿＿。

❶ 部屋を掃除する　　❷ お使いをさせる

❸ 書類を作成する　　❹ テスト用紙をコピーする

語句練習

ビビンバ 비빔밥	スカート 스커트
フランス 프랑스	掃除(そうじ) 청소
歌(うた)を歌(うた)う 노래를 부르다	お使(つか)い 심부름
てんぷら 튀김	上司(じょうし) 상사, 직장 내 윗사람
しゃぶしゃぶ 샤브샤브	書類(しょるい) 서류
みどり色(いろ) 녹색	遅刻(ちこく) 지각
みず色(いろ) 물빛, 하늘빛	テスト用紙(ようし) 시험지
セーター 스웨터	コピー 복사(카피)

会話練習 ▶

1. あなたは、アルバイトをしたことがありますか。
   どんなアルバイトをしましたか。

2. 最近、学生に人気があるアルバイトは何ですか。

3. もし、アルバイトをするとしたら、どんなアルバイトがしたいですか。
   それはなぜですか。

4. アルバイトで難しいことは何ですか。

 関連語句 ▶

新聞配達 신문 배달	チラシの配付 전단지 배포
コンビニの店員 편의점 점원	ウェイター 웨이터
ウェイトレス 웨이트리스	土方 공사판 노동자
ホテルのルームメード 호텔 룸메이드	地質調査助手 지질조사 조수
家屋調査 가옥 조사	ビル清掃 빌딩 청소
印刷の助手 인쇄 조수	交通量の調査 교통량 조사
給料 급료	時給 시간급
日給 일급	月給 월급
交通費 교통비	食事付き 식사 제공
３Ｋ労働 3D노동(업종)	

メモ ▶

18 ストレス

会話 

パク	石橋さん、少しお疲れのようですね。
石橋	ええ、仕事がうまくいかなくて……。
パク	少し休暇をとったらどうですか。
石橋	私も休暇をとって気分転換でもしたいんですが、仕事が気になって。
パク	でも、あまり無理すると病気になってしまいますよ。
石橋	それはそうですが……。
パク	なんでも最近は、子供からお年寄りまでストレスのため、病気になる人が増えているそうですよ。
石橋	子供からお年寄りまでですか。
パク	ええ、現代はストレス社会ですからね。
石橋	そうですね。じゃ、明日、部長に休暇願いを出してみます。
パク	それがいいですよ。

内容チェック ▶

1. 石橋さんは、なぜ疲れていますか。

2. 石橋さんは、なぜ休暇がとれませんか。

3. パクさんの話によると、最近どんな人が増えていますか。

語句練習

お疲(つか)れ 피곤(한 상태)	お年寄(としよ)り 늙은이
～のようだ ～인 것 같다	ストレス 스트레스
仕事(しごと)がうまくいかない 일이 잘 되지 않다	～のため ～때문에
	増(ふ)える 증가하다
休暇(きゅうか)をとる 휴가를 받다	現代(げんだい) 현대
～たらどうですか ～하면 어떻습니까	ストレス社会(しゃかい) 스트레스사회
気分転換(きぶんてんかん) 기분전환	部長(ぶちょう) 부장
気(き)になる 걱정되다	休暇願(きゅうかねが)い 휴가원
無理(むり) 무리	出(だ)す 제출하다
～てしまう ～해 버리다	～てみる ～해 보다
なんでも～だそうだ 잘은 모르지만, ～라고 한다	

文型練習 ▶

I ～たらどうですか

A : ちょっと疲れているんです。

B : じゃ、気分転換でも**したらどうですか**。

---

1. A : この仕事、なかなかうまくいかないんです。

   B : じゃ、＿＿＿＿＿＿＿＿＿＿＿＿＿＿＿＿＿＿＿＿＿＿。

2. A : 最近、胃の調子がよくないんですよ。

   B : 一度、＿＿＿＿＿＿＿＿＿＿＿＿＿＿＿＿＿＿＿＿＿＿。

3. A : 家の近所、交通が不便で困っているんです。

   B : 思い切って＿＿＿＿＿＿＿＿＿＿＿＿＿＿＿＿＿＿＿＿。

❶ やり方をかえる　　❷ 病院で検査をうける　　❸ 引っ越す

II ～のために

A : なぜ病気になる人が増えていますか。

B : ストレス**のために**病気になる人が増えています。

---

1. A : なぜ入院したんですか。

   B : ＿＿＿＿＿＿＿＿＿＿＿＿＿＿＿＿＿＿＿＿＿＿＿。

2. A : どうして洪水が起こったんですか。

   B : ＿＿＿＿＿＿＿＿＿＿＿＿＿＿＿＿＿＿＿＿＿＿＿。

3. A : なぜ、家畜が死んだんですか。

   B : ＿＿＿＿＿＿＿＿＿＿＿＿＿＿＿＿＿＿＿＿＿＿＿。

❶ 過労　　　　❷ 台風　　　　❸ 暑さ

Ⅲ なんでも〜そうだ

A：最近ストレスでどんな人が病気になるんですか。

B：**なんでも**、子供から大人まで病気になる**そうです**。

1. A：何を話しているんですか。

   B：____。

2. A：あの穴は何ですか。

   B：____。

3. A：どうしてあの会社の株が上がったんですか。

   B：____。

❶ 社長が新しく会社を作る　　❷ 恐竜の足跡だ　　❸ あの会社が新薬を開発した

語句練習

なかなか 꽤, 좀처럼	起(お)こる 일어나다, 발생하다
うまくいかない 잘 되지 않는다	台風(たいふう) 태풍
やり方(かた) 하는 방법	家畜(かちく) 태풍
かえる 바꾸다	暑(あつ)さ 더위
調子(ちょうし) 상태, 컨디션, 형편	会社(かいしゃ)を作(つく)る 회사를 만들다
検査(けんさ)をうける 검사를 받다	穴(あな) 구멍
思(おも)い切(き)って 과감하게, 단연코	恐竜(きょうりゅう) 공룡
引(ひ)っ越(こ)し 이사	足跡(あしあと) 발자국
過労(かろう) 과로	株(かぶ)が上(あ)がる 주식이 오르다
入院(にゅういん) 입원	新薬(しんやく) 신약
洪水(こうずい) 홍수	開発(かいはつ) 개발

会話練習 ▶

1. みなさんは、どんなときストレスを感じますか。

2. あなたのストレス解消法は何ですか。

3. ストレスを溜めないようにするには、どうしたらいいですか。

🖰 関連語句 ▶

満員電車 (まんいんでんしゃ) 만원 전철

人間関係 (にんげんかんけい) 인간관계

親の小言 (おや の こごと) 부모님의 잔소리

リストラ 구조조정

いじめ 따돌림

セクハラ 성희롱

成績 (せいせき) 성적

健康 (けんこう) 건강

夫婦げんか (ふうふ) 부부싸움

歌を歌う (うた を うた) 노래를 부르다

スポーツをする 운동을 하다

酒を飲む (さけ を の) 술을 마시다

音楽を聞く (おんがく を き) 음악을 듣다

買物をする (かいもの) 쇼핑을 하다

おしゃべりをする 수다 떨다

よく睡眠をとる (すいみん) 잘 수면을 취하다

無理に働かない (むり に はたら) 무리해서 일하지 않는다

プライベートな時間を持つ (じかん を も) 개인적인 시간을 가진다

心が安らぐ趣味を持つ (こころ が やす しゅみ を も) 마음이 편해지는 취미를 갖는다

🖰 メモ ▶

관심사 모델 만들기 ▶

1. 요즘 가장 관심이 많은 것은 무엇인가?

◇ 私がいちばん関心を持っているのは、やはり日本語の勉強です。

◆ 私がいちばん関心を持っているのは、結婚のことです。

◇ 私がいちばん関心を持っているのは、ストレスのことです。

2. 이유는?

◇ 日本語の勉強がとても面白くなってきているのですが、どうすればもっと効果的に勉強ができて、日本語が上手に使いこなせるようになれるか、ということを考える時間が増えたからです。

◆ このごろは一人暮しを宣言する人が多くなってきているようですが、結婚っていったい自分にどういう意味を持っているのかと、つくづく考えるようになったからです。

◇ このごろは仕事がどうしてもうまくいかなくて、上司には叱られるし、同僚にもなんだか迷惑をかけているような気がしてなりません。意欲喪失という感じもしますが、あれこれとストレスばかり溜まっているようです。

관심사 모델 만들기 ▶

3. 그래서 어떻게 할 생각인가?

◇ まずは一生懸命勉強するしかないと思います。もしよいご意見があれば、皆さんからの助言をもお願いします。

◆ 気になっているとはいっても、そんなに深刻な状態ではないので、まずは人の意見を聞いてみたり、参考になる本を読んでみたりと、一応は気軽に対処していきたいと思います。

◇ これは、私に問題があってのことか、または他の理由があってのことかをじっくり考えてみたいです。それでも答えが得られない場合は、先輩や同僚に心を打ち明けて相談してみたいと思います。

4. 자신의 판단에 중요한 요인이 되는 것은 무엇인가?

◇ ただ一生懸命勉強するということは、なにか要領のない勉強の仕方のような気がするのですが、ある程度自分なりに勉強できるようになるまでは、自分に合う勉強法を見つけるまでの時間が必要だと思います。

◆ まずは一人暮しにするかしないかのどちらに答えを得ようとすると、それは狭い意味での人生を考えることになるかも知れないので、人生を生きていくという大きな枠組みのなかから考えていくことが重要だと思います。

◇ 会社の立場からまたは上司、同僚の立場から自分を見つめてみることが重要だと思います。もしかしたら、いままでは自分の立場からだけ考えていたのではないかとも思われます。

관심사 모델 만들기 ▶

5. 최종 목표는?

◇ 日本語を勉強する最終的な目標はやはり言葉を通じて、日本という国の姿を知り、お互いの発展と友好に役に立つ人間として活躍できるようにすることです。

◆ このようなことに関心を持つというのは、自分の人生をもうちょっと細かいところまで見つめることとつながるもので、それ自体、成熟の過程として理解したいのです。

◇ 人間なら誰でも、自分の属している組織の中で認められる人間としていたいものではないしょうか。ところが、どのようにするのが会社のために、または自分の人生のために役に立つのかに正解があるのではないかと思います。その正解にもっと近くまで行ってみたいのです。

6. 1~5까지의 내용을 정리하여 자신의 관심사 말하기 모델을 만들어 보자.

6. 1~5까지의 내용을 정리하여 자신의 관심사 말하기 모델을 만들어 보자.

총정리 메모

해석 및 참고 표현

제1과 자기 소개

박순미 : 처음 뵙겠습니다. 박순미라고 합니다. 부디 잘 부탁합니다.
다나카 : 처음 뵙겠습니다. 다나카입니다. 저야말로 잘 부탁합니다.
박순미 : 다나카 씨는 회사원입니까?
다나카 : 네, 국제상사라는 무역회사에 근무하고 있습니다. 박순미 씨는 학생입니까?
박순미 : 예, 저는 아직 학생으로, 경영 공부를 하고 있습니다.
다나카 : 그렇습니까? 저도 학생 때 경영을 전공했어요.
박순미 : 그렇습니까? 그런데 다나카 씨 댁은 어디입니까?
다나카 : 저는 마포에 살고 있습니다.

＊내용 체크

1. 다나카 씨는 학생입니까?
2. 다나카 씨는 학생 때 어떤 공부를 했습니까?
3. 다나카 씨는 어디에 살고 있습니까?

＊문형연습

Ⅰ. ~라고 합니다.

A : 성함이 어떻게 되십니까?
B : '❶김/❷스미스/❸친/❹존'이라고 합니다. 부디 잘 부탁합니다.

Ⅱ. ~라는

A : 어느 회사에 근무하십니까?
B : 국제 상사라는 회사에 근무하고 있습니다.

1. A : 어느 회사에 근무하십니까?
   B : '일본물산'이라는 회사에 근무하고 있습니다.

2. A : 점심은 어디에서 먹었습니까?
   B : '기소가와'라는 메밀국수집에서 먹었습니다.

3. A : 어디에서 술을 마셨습니까?
   B : '레인보우'라는 카페에서 마셨습니다.

4. A : 어제, 누구를 만났습니까?
   B : '니시카와'라는 일본인을 만났습니다.

Ⅲ. ~에 살고 있다

A : 어디에 사십니까?
B : '❶신주쿠/❷이케부쿠로/❸교토/❹서울'에 살고 있습니다.

＊회화연습

1. 성함은 어떻게 되십니까?
2. 실례지만, 연세가 어떻게 되십니까?
3. 당신은 학생입니까, 회사원입니까?
4. (학생인 경우) 무엇을 전공하고 있습니까?
   (회사원인 경우) 어떤 일을 하고 있습니까?
5. 가족은 몇 분이십니까?
6. 어디에 사십니까?

제2과 내가 선택한 직업

스즈키 : 이영희 씨는 어떤 일을 하고 있나요?
이영희 : 저는 무역 회사에서 일하고 있습니다.
스즈키 : 왜 무역회사를 선택했나요?
이영희 : 예전부터 무역 일에 관심이 있었고, 학생 때 배운 일본어도 살릴 수 있다고 생각했기 때문입니다.
스즈키 : 그렇습니까? 그럼, 일본어를 실제로 사용하는 일도 많습니까?
이영희 : 네, 거래처에 전화를 걸어, 손님과 상담을 합니다. 하지만 때때로 대화 도중에 모르는 말이 있어서 상대에게 폐를 끼치는 일도 있습니다.
스즈키 : 힘들겠군요.
이영희 : 그래서 좀 더 전문적인 공부를 하려고 생각하고 있습니다.
스즈키 : 그렇습니까. 분발하세요.

＊내용 체크

1. 이영희 씨는 어떤 회사에서 일하고 있습니까?
2. 이영희 씨는 왜 지금의 회사를 선택했습니까?
3. 이영희 씨는 왜 전문적인 공부를 하려고 생각하고 있습니까?

＊문형연습

Ⅰ. ~에서 일하고 있습니다.

A : 어떤 일을 하고 있나요?
B : 저는 '❶은행/❷우체국/❸시청/❹음식점'에서 일합
니다.

Ⅱ. ~일(경우)도 있다

A : 회사에서 일본어를 사용합니까?
B : 예, 때때로 사용하는 경우도 있습니다.

1. A : 날씨가 좋은 날은 도쿄에서 후지산이 보입니까?
   B : 예, 때때로 보이는 때도 있습니다.

2. A : 일본에 출장 갑니까?
   B : 예, 때때로 출장 갈 때도 있습니다.

3. A : 아버님과 자주 이야기하십니까?
   B : 예, 때때로 이야기할 때도 있습니다.

4. A : 술에 취합니까?
   B : 예, 때때로 취할 때도 있습니다.

Ⅲ. ~려고 생각하고 있다

A : 어떤 외국어를 공부합니까?
B : 일본어를 공부하려고 생각하고 있습니다.

1. A : 여름방학에 어디로 갑니까?
   B : 일본에 가려고 합니다.

2. A : 내일, 무엇을 삽니까?
   B : 원피스를 사려고 합니다.

3. A : 오늘밤 무엇을 먹습니까?
   B : 생선회를 먹으려고 합니다.

4. A : 주말에 무엇을 합니까?
   B : 영화를 보려고 합니다.

＊회화연습

1. 당신은 어떤 일을 하고 있습니까?
   (학생 : 어떤 일을 하고 싶습니까?)
2. 왜 그 일을 선택했습니까?
3. 일을 하는 데에는 무엇이 중요하다고 생각합니까?
   (예 : 전문지식/인간관계/체력/노력/아부)

4. 당신의 어릴 때 꿈은 무엇이었습니까?

제3과 나의 취미

김기수 : 오가와 씨의 취미는 무엇입니까?
오가와 : 제 취미는 그림을 그리는 것입니다.
　　　　쉬는 날에는 근처 공원에 가서 스케치를
　　　　합니다.
김기수 : 언제부터 그림에 관심을 가졌나요?
오가와 : 초등학생 때부터 자주 아버지와 그렸습
　　　　니다.
김기수 : 그러면 아버님도 그림을 좋아하셨나요?
오가와 : 네, 실은 아버지의 영향입니다.
김기수 : 그랬던 거군요. 그림 외에는 어떻습니까?
오가와 : 글쎄요. 악기를 연주하거나, 요리를 만들
　　　　거나 하는 것도 좋아합니다.
김기수 : 재주가 많으시네요.
오가와 : 아니에요. 잘 못하면서, 좋아하는 것뿐이
　　　　죠.

＊내용 체크

1. 오가와 씨의 취미는 무엇입니까?
2. 언제부터, 왜 시작했습니까?
3. 김기수 씨는 왜 재주가 많다고 오가와 씨를 칭찬했습
   니까?

＊문형연습

Ⅰ. ~(하는) 것입니다

A : 오가와 씨의 취미는 무엇입니까?
B : 제 취미는 그림을 그리는 것입니다.

A : 당신의 취미는 무엇입니까?
❶ B : 제 취미는 스포츠를 보는 것입니다.
❷ B : 제 취미는 산에 오르는 것입니다.
❸ B : 제 취미는 꽃꽂이를 하는 것입니다.
❹ B : 제 취미는 바둑을 두는 것입니다.

Ⅱ. ~에 흥미(관심)를 갖다

A : 언제부터 그림에 관심을 가졌나요?
B : 초등학생 때부터입니다.

1. A : 언제부터 요리에 관심을 가졌나요?

B : 고등학교 시절부터입니다.

2. A : 언제부터 뜨개질에 관심을 가졌나요?
   B : 중학생 때부터입니다.

3. A : 언제부터 다도에 관심을 가졌습니까?
   B : 대학 시절부터입니다.

4. A : 언제부터 춤에 관심을 가졌습니까?
   B : 독신 시절부터입니다.

Ⅲ. ~(하는) 것을 좋아합니다

A : 무엇을 하는 것을 좋아합니까?
B : 저는 그림 그리기를 좋아합니다.

A : 무엇을 하는 것을 좋아합니까?
❶ B : 저는 스웨터 짜는 것을 좋아합니다.
❷ B : 저는 TV 보는 것을 좋아합니다.
❸ B : 저는 드라이브하는 것을 좋아합니다.
❹ B : 피아노 치는 것을 좋아합니다.

＊ 회화연습

1. 당신의 취미는 무엇입니까? 언제부터, 왜 시작했습니까?
2. 당신은 한가한 시간이 있을 때 무엇을 합니까?
3. 당신은 지금 무엇에 관심이 있습니까?

제4과 미래의 계획

박순미 : 다나카 씨는 앞으로도 한국에서 사실 건가요?
다나카 : 예, 그럴 생각입니다. 박순미 씨도 아시다시피 제 처가 한국인이기 때문에 한국에서 살려고 생각하고 있습니다.
박순미 : 일도 지금의 일을 계속 하실 건가요?
다나카 : 예, 당분간은 계속할 생각입니다.
박순미 : 그럼 장래에는요?
다나카 : 장래에 말입니까? 저는 무역 일에 관심이 있기 때문에 기회가 있으면 무역 일을 해 보고 싶습니다.
박순미 : 그러세요?
다나카 : 모처럼 한국어도 말할 수 있게 되었고 게다가 일본과 무역을 하게 되면 자주 일본에도 갈 수 있으니까요.

박순미 : 그렇군요. 장래에 꼭 희망이 이루어지면 좋겠네요.

＊ 내용 체크

1. 다나카 씨는 앞으로 어디에서 살 계획입니까? 그것은 왜 그렇습니까?
2. 다나카 씨가 장래에 하고 싶은 일은 무엇입니까?
3. 다나카 씨는 왜 장래에 그 일을 하고 싶어합니까?

＊ 문형연습

Ⅰ. ~할 생각(작정)

A : 앞으로도 한국에서 사실건가요?
B : 예, 그럴 생각입니다.

1. A : 여름방학에 일본에 갑니까?
   B : 예, 일본에 갈 생각입니다.

2. A : 올해 겨울에는 무엇을 합니까?
   B : 스노우보드를 배울 생각입니다.

3. A : 내일 세미나에 출석하십니까?
   B : 예, 출석할 생각입니다.

4. A : 그와 결혼합니까?
   B : 아니오, 결혼하지 않을 생각입니다.

Ⅱ. 말할 수 있게 되다

A : 한국어를 할 수 있습니까?
B : 예, 말할 수 있게 되었습니다.

1. A : 매운 요리를 먹을 수 있습니까?
   B : 예, 먹을 수 있게 되었습니다.

2. A : 자동차운전을 할 수 있습니까?
   B : 예, 운전할 수 있게 되었습니다.

3. A : 한국 노래를 부를 수 있습니까?
   B : 예, 부를 수 있게 되었습니다.

4. A : 사교춤을 출 수 있습니까?
   B : 예, 출 수 있게 되었습니다.

Ⅲ. ~해 보고 싶다

A : 어떤 일을 하고 싶습니까?
B : 무역 일을 해 보고 싶습니다.

1. A : 어떤 요리를 먹고 싶습니까?
   B : 한국의 진귀한 요리를 먹어 보고 싶습니다.

2. A : 어떤 차를 타고 싶습니까?
   B : 이탈리아의 스포츠카를 타 보고 싶습니다.

3. A : 여름방학에 무엇을 하고 싶습니까?
   B : 배낭여행을 해 보고 싶습니다.

4. A : 일본에 가면 무엇을 하고 싶습니까?
   B : 기모노를 입어 보고 싶습니다.

*회화연습

1. 당신은 일본어 이외에 공부하고 싶은 것이 있습니까?
2. 당신은 장래에 어떤 일을 해 보고 싶습니까? 그것은 왜 그렇습니까?
3. 여러분은 미래에, 외국에서 살아 보고 싶습니까? 그것은 왜 그렇습니까?

제5과 나의 가족

박순미 : 우에다 씨의 가족은 몇 명입니까?
우에다 : 아내와 저, 그리고 아들이 둘로 4인 가족입니다. 아들들은 아직 초등학생입니다.
박순미 : 실례지만, 부인은 무언가 일을 하고 있습니까?
우에다 : 아니오, 아무 것도 하지 않습니다. 하지만 요즘 아이들도 손이 덜 가게 되어 일하고 싶다고 말하고 있습니다.
박순미 : 그렇습니까. 그런데 우에다 씨의 부모님은 건강하십니까?
우에다 : 예, 덕분에. 본가 옆에는 남동생 부부도 살고 있어서, 안심입니다.
박순미 : 그거 잘됐군요.

*내용 체크

1. 우에다 씨의 가족은 몇 명입니까?
2. 우에다 씨의 부인은 일하고 있습니까?

3. 우에다 씨의 본가 옆에는 누가 살고 있습니까?

*문형연습

Ⅰ. A와 B. 그리고

A : 가족은 몇 명입니까?
B : 아내와 저, 그리고 아들이 두 명으로, 4인 가족입니다.

❶ 남편과 저, 그리고 딸 하나와 아들 둘로, 5인 가족입니다.

❷ 아버지와 어머니 그리고 저로, 3인 가족입니다.

❸ 조부모님과 부모님 그리고 언니(누나)와 저로 6인 가족입니다.

❹ 실제 당신의 가족을 말하세요.

Ⅱ. ~고 싶다

요즘은 아이들(에게)도 손이 덜 가게 되어, 일하고 싶습니다.

1. A : 여름 방학에 어디에 가고 싶습니까?
   B : 하와이에 가고 싶습니다.

2. A : 저녁식사는 무엇이 먹고 싶습니까?
   B : 불고기가 먹고 싶습니다.

3. A : 누군가 만나고 싶은 사람이 있습니까?
   B : 예, 고향의 어머니가 보고 싶습니다.

4. A : 일요일에 무엇을 하고 싶습니까?
   B : 일요일에는 [자신이 하고 싶은 일을 말하세요.]

Ⅲ. ~라고 말하고 있습니다

1. A : 친구는 뭐라고 말하고 있습니까?
   B : 친구는 유학 가고 싶다고 말하고 있습니다.

2. A : 형은(오빠는) 뭐라고 말하고 있습니까?
   B : 형은(오빠는) 새 차를 갖고 싶다고 합니다.

3. A : 다나카 씨는 뭐라고 말하고 있습니까?
   B : 다나카 씨는 일본요리를 먹고 싶다고 합니다.

4. A : 아버님은 뭐라고 말하고 있습니까?
   B : 아버지는 푹 쉬고 싶다고 합니다.

✳ 회화연습

1. 당신은 가족이 몇입니까?
2. 당신은 누구와 함께 살고 있습니까?
3. 당신 가족을 소개해 주세요.
4. 요즘은 핵가족이 늘었는데, 핵가족과 대가족에 대해 어떻게 생각합니까?

자기 소개 모델 만들기

1. 이름, 나이, 사는 곳은?

여러분 처음 뵙겠습니다. 저는 김민수라고 합니다. 올해로 27살이 되었습니다. 신촌에 살고 있습니다. 가족은 어머니와 아내, 아들 하나와, 딸 하나로 5인 가족입니다.

2. 취미는?

취미는 여행입니다. 지금까지는 주로 국내여행을 중심으로 해 왔지만, 이제부터는 해외에도 나가 보려고 생각합니다.

3. 저는 ~회사(학교)에 다니고 있습니다.

◇ 저는 출판사에 근무합니다.
◆ 저는 무역회사에 근무합니다.
◇ 저는 A학교에 다닙니다.

4. 부서(전공)는 ~입니다.

◇ 부서는 편집부입니다.
◆ 부서는 영업부입니다.
◇ 학과는 일본어학과입니다.

5. 어떤 일을 한다.

◇ 기획하여 필자로서의 적임자를 찾고, 원고를 의뢰해 읽기 쉽게 편집하는 일입니다.
◆ 최상급의 물건을 골라 해외의 필요한 고객을 찾아 양쪽 모두 만족할 수 있는 가격으로 거래할 수 있도록 교섭하는 일입니다.
◇ 아직 일본어가 서투르므로, 일본어를 자유자재로 사용할 수 있도록 열심히 공부합니다.

6. 어릴 때는 어떤 일을 하고 싶었나?

◇ 저는 원래 교사가 되고 싶었지만 교사가 되지 못해 교육과 관계 있는 어학전문 출판사를 선택한 것입니다. 책을 통해서도 간접적인 교육활동이 가능하다고 판단

했기 때문입니다.
◆ 어릴 때는 외교관이 되어 세계의 여러 곳을 가 보고 싶었는데, 지금 하는 무역 일도 그것을 할 수 있어서 만족합니다.
◇ 중학생 때 세계의 여러 나라 말을 배워 전세계를 여행하고 싶었습니다.

7. 직업인(학생)으로서의 최종 목표는 무엇인가?

◇ 언젠가는 평생 기억에 남는 좋은 책을 기획ㆍ편집하고 싶습니다. 다행히 요즘에는 일반단행본도 출판하고 있어, 영역이 더욱 넓어져, 나 스스로의 노력에 따라 바라는 책을 만드는 데에 좋은 조건이 되었다고 생각합니다.
◆ 세계의 톱 영업맨이 되는 것과 함께, 경영 쪽에도 관심을 갖고, 한국 또는 세계 제일의 CEO가 되고 싶습니다.
◇ 일본어를 자유자재로 사용할 수 있게 되는 것뿐 아니라 일본이라는 나라나 그 문화 등을 이해하고, 두 나라에 도움이 되는 사람이 되고 싶습니다.

제6과 스포츠

박순미 : 다나카 씨, 일본에서 인기 있는 스포츠는 무엇입니까?
다나카 : 일본에서는 야구와 축구가 인기가 있습니다.
박순미 : 스모는 어떻습니까?
다나카 : 네, 스모도 역시 야구와 축구만큼은 아니지만, 인기가 있는 스포츠입니다.
박순미 : 그렇습니까? 다나카 씨도 자주 봅니까?
다나카 : 예, TV 중계가 있을 때는 자주 봅니다.
박순미 : 그런데, 다나카 씨는 주로 어떤 운동을 합니까?
다나카 : 저는 수영을 좋아해서, 일주일에 두 번 정도는 수영하고 있습니다.
박순미 : 그러면, 수영 솜씨는 꽤 좋겠군요.
다나카 : 수영하는 것에 관해서는 조금 자신이 있습니다. 제 별명도 물개라고요.
박순미 : 와아! 그거 굉장하네요.

✳ 내용 체크

1. 일본에서 인기가 있는 스포츠는 무엇입니까?
2. 다나카 씨는 스모를 자주 봅니까?
3. 다나카 씨는 수영을 잘 합니까?

＊문형연습

I. ~만큼은 아니지만

A : 스모도 인기가 있습니까?
B : 축구만큼은 아니지만 인기가 있습니다.

1. A : 올해 여름도 덥습니까?
   B : 예, 작년 여름만큼은 아니지만, 덥습니다.

2. A : 한국어는 어렵네요.
   B : 예, 영어만큼은 아니지만, 어렵습니다.

3. A : 이번 선생님, 좀 뚱뚱하네요.
   B : 예, 이전 선생님만큼은 아니지만, 뚱뚱하네요.

4. A : 일본에서는 한국 영화도 인기가 있습니까?
   B : 예, 미국 영화만큼은 아니지만, 인기가 있습니다.

II. ~에 관해서는

A : 수영 꽤 잘하시네요.
B : 수영하는 것에 관해서는 자신이 있습니다.

1. A : 매운 요리는 괜찮습니까?
   B : 예, 매운 것을 먹는 것에 관해서는 자신이 있습니다.

2. A : 그에 관해 잘 알고 있습니까?
   B : 아니오, 그에 관해서는 잘 모릅니다.

3. A : 이번 조사는 어떻게 되었습니까?
   B : 그 조사에 관해서는 내일 보고하겠습니다.

4. A : 요리 잘하시네요.
   B : 요리를 만드는 것에 관해서는 자신이 있습니다.

＊회화연습

1. 당신은 어떤 스포츠를 좋아합니까? 왜, 좋아합니까? 왜 싫어합니까?
2. 한국에서 인기가 있는 스포츠는 무엇입니까? 왜 인기가 있습니까?
3. 해 보고 싶은 스포츠가 있습니까? 그것은 어떤 스포츠입니까?

제7과 영화

다나카 : 박순미 씨는 영화를 좋아합니까?
박순미 : 예, 좋아해서 자주 보러 갑니다.
다나카 : 어떤 영화를 좋아합니까?
박순미 : 액션영화나 공포영화, 애니메이션 등 장르에 관계없이 보는데 액션영화만큼 재미있는 것은 없다고 생각합니다.
다나카 : 그렇습니까? 그러면 박순미 씨가 지금까지 본 일본영화 중에서 제일 인상에 남아 있는 영화는 무엇입니까?
박순미 : 기타노 감독에 의해 촬영된 '하나비'라는 영화입니다. 마지막 장면이 감동적이었습니다.
다나카 : 베네치아영화제에서 그랑프리를 받은 영화였죠. 저도 봤는데, 정말로 감동적이었습니다.

＊내용 체크

1. 박순미 씨가 가장 좋아하는 영화는 어떤 영화입니까?
2. 박순미 씨가 본 일본영화 중에서 가장 인상에 남아 있는 영화는 무엇입니까?
3. 왜 박순미 씨는 그 영화가 인상에 남아 있습니까?

＊문형연습

I. ~만큼 ~것이 없다

A : 액션영화를 좋아합니까?
B : 예, 액션영화만큼 재미있는 것은 없다고 생각합니다.

1. A : 매일 조깅을 합니까?
   B : 예, 조깅만큼 건강에 좋은 스포츠는 없다고 생각합니다.

2. A : 내일은 시험이 있다는군요.
   B : 그렇습니까? 시험만큼 싫어하는 것은 없다고 생각합니다.

3. A : 개는 정말로 영리하군요.
   B : 예, 개만큼 영리한 동물은 없다고 생각합니다.

4. A : 인터넷은 편리하군요.
   B : 그렇죠. 인터넷만큼 편리한 것은 없다고 생각합니다.

II. ~ 중에서 ~이 가장

A : 어떤 일본영화가 인상에 남아 있습니까?
B : 일본영화 중에서 '하나비'라는 영화가 가장 인상에
　　남아 있습니다.

1. A : 고등학교 시절 누구와 친했나요?
　 B : 고등학교 시절 친구들 중에서 사토와 가장 친했
　　　습니다.

2. A : 형제 중에서 누가 가장 키가 큽니까?
　 B : 형제 중에서 내가 키가 가장 큽니다.

3. A : 어떤 외국어가 공부하기 쉽습니까?
　 B : 외국어 중에서 일본어가 가장 공부하기 쉽습니다.

4. A : 한국요리는 좋아합니까?
　 B : 한국요리 중에서 김치찌개를 가장 좋아합니다.

III. ~에 의해 ~된

A : 누가 촬영한 영화입니까?
B : 기타노 감독에 의해 촬영된 영화입니다.

1. A : 이 그림은 누가 그린 그림입니까?
　 B : 이 그림은 피카소에 의해 그려진 그림입니다.

2. A : 이 건물은 누가 지은 것인가요?
　 B : 이 건물은 가우디에 의해 지어진 건물입니다.

3. A : 이 옷은 누가 디자인한 것입니까?
　 B : 이 옷은 앙드레 김에 의해 디자인 된 옷입니다.

4. A : 기독교는 어떤 사람이 전한 종교입니까?
　 B : 기독교는 선교사에 의해 전해진 종교입니다.

＊회화연습

1. 당신은 어떤 영화를 좋아합니까?
2. 당신은 영화를 볼 때 누구와 함께 봅니까?
3. 지금까지 본 영화 중에서 인상에 남아 있는 영화가
　 있습니까? 그것은 무슨 영화입니까?
4. 당신이 좋아하는 배우는 누구입니까?

제8과 음악

박순미 : 다나카 씨, 일본 젊은이들은 어떤 음악을
　　　　좋아합니까?
다나카 : 글쎄요 미국이나 유럽의 히트 차트에 들
　　　　어 있는 곡이나 일본 대중음악 등을 좋아
　　　　하는 것 같아요.
박순미 : 그럼 그런 음악은 노래방에서도 자주 부
　　　　릅니까?
다나카 : 예, 일본에서는 노래방이 구석구석까지
　　　　보급되어 있기 때문에 가족이나 친구와
　　　　함께 즐기고 있습니다.
박순미 : 그렇습니까?
다나카 : 한국에서도 일본과 마찬가지로 노래방이
　　　　인기가 있다고 들었습니다만…….
박순미 : 예, 그렇습니다. 한국에서도 일본과 마찬
　　　　가지로 도처에 노래방이 있기 때문에 모
　　　　두가 즐기고 있습니다.
다나카 : 그럼 우리도 오늘밤 모두 불러 노래자랑
　　　　이라도 열어 볼까요?
박순미 : 좋죠. 즉시 연락해 봅시다.

＊내용 체크

1. 일본 젊은이는 어떤 음악을 좋아합니까?
2. 일본에서는 노래방을 어떤 사람들이 즐깁니까?
3. 두 사람은 오늘밤 친구를 불러 무엇을 합니까?

＊문형연습

I. ~이나 ~이나

A : 어떤 음악을 좋아합니까?
B : 히트곡이나 일본 대중음악 등을 좋아합니다.

1. A : 토산품은 무엇이 좋습니까?
　 B : 김치나 고려인삼 등이 좋습니다.

2. A : 술 안주는 무엇이 좋습니까?
　 B : 신선한 생선회나 구운 생선 등이 좋습니다.

3. A : 다이어트에는 무엇이 좋습니까?
　 B : 식사 제한이나 운동 등이 좋습니다.

4. A : 매일 먹는 것으로는 무엇이 좋습니까?
　 B : 자연식이나 전통식 등이 좋습니다.

II. ~한 것 같다

A : 그는 어떤 음악을 좋아하나요?
B : 대중음악을 좋아하는 것 같아요.

1. A : 그는 어떤 요리를 좋아합니까?
   B : 매운 요리를 좋아하는 것 같습니다.

2. A : 그녀는 무슨 일 있어요?
   B : 감기에 걸린 것 같습니다.

3. A : 다나카 씨는 벌써 귀가하셨습니까?
   B : 이미 귀가한 것 같습니다.

4. A : 그녀는 결혼했습니까?
   B : 결혼한 것 같습니다.

III. ~해 보다

A : 모두에게 연락해 주시겠습니까?
B : 예, 즉시 연락해 봅시다.

1. A : 이거 일본에서 인기 있는 가수의 CD인데요.
   B : 그렇습니까? 즉시 들어봅시다.

2. A : 저기에 새로운 레스토랑이 생겼습니다.
   B : 그럼 즉시 가 봅시다.

3. A : 이거 이번 달 신간이에요
   B : 재미있을 것 같네요. 즉시 읽어 봅시다.

4. A : 이것은 이번 달 새로 시판된 소주입니다.
   B : 그렇습니까? 그럼 즉시 마셔 봅시다.

＊회화연습

1. 당신은 노래를 부르거나 듣거나 하는 것을 좋아합니까?
2. 당신은 어떤 음악을 좋아합니까?
3. 당신은 콘서트나 음악회에 간 적이 있습니까? 어땠습니까?
4. 당신은 연주를 할 수 있습니까? 그것은 어떤 악기입니까?

제9과 여행

김기수 : 야마다 씨 여행을 떠난다면서요?
야마다 : 예, 다음주 여름휴가를 이용해서 갑니다.
김기수 : 그런데 어디로 가십니까?
야마다 : 강원도입니다. 2박3일로 설악산과 속초에 가려고 생각하고 있습니다.
김기수 : 와, 산도 바다도 말입니까? 1석 2조군요.
야마다 : 좋겠죠? 설악산에서는 등산도 할 계획입니다.
김기수 : 그런데 야마다 씨는 등산을 한 적이 있습니까?
야마다 : 해 본 적은 없지만, 친구의 이야기에 따르면 함께 가는 이 선생이 등산에 능숙하다고 해서 안심입니다
김기수 : 그렇습니까? 그럼 등산용품도 준비했습니까?
야마다 : 예, 얼마 전 백화점이 세일할 때 사 두었습니다
김기수 : 만반의 준비를 하셨군요.

＊내용 체크

1. 야마다 씨는 어떤 휴가를 이용해서 여행을 갑니까?
2. 야마다 씨는 설악산에서 무엇을 할 계획입니까?
3. 야마다 씨는 등산용품을 지금부터 삽니까?

＊문형연습

I. ~라더군요

A : 야마다 씨 여행 간다고 하더군요.
B : 예, 다음주에 다녀옵니다.

1. A : 다음주 테스트가 있다고 하더군요.
   B : 응, 나도 들었어.

2. A : 저 가게의 요리는 맛있다고 하더군요.
   B : 나도 한번 먹어본 적이 있는데, 맛있었어.

3. A : 다음주부터 장마에 들어간다고 하더군요.
   B : 응, 나도 일기예보에서 들었어.

II. ~에 의하면 ~라고 합니다

A : 야마다 씨는 등산에 익숙합니까?
B : 친구 말에 의하면 이 선생은 등산에 익숙하다고 합니다.

1. A : 저 사람은 누구입니까?
   B : 저 사람은 선생님 말씀에 의하면 교환유학생이
       라고 합니다.

2. A : 부장은 언제 이사하십니까?
   B : 야마다 씨의 말에 의하면 일요일에 한다고 합니다.

3. A : 김기수 씨는 학교를 졸업하면 프로선수가 됩니까?
   B : 김기수 씨 이야기에 의하면 프로가 되지 않을 거랍
       니다.

Ⅲ. ～해 두다

A : 등산용품도 준비했습니까?
B : 예, 세일할 때 사 두었습니다.

1. A : 어떤 술을 준비하면 됩니까?
   B : 맥주를 준비해 두세요.

2. A : 다음달 해외여행을 합니다.
   B : 그럼, 그 나라의 인사말을 외워 두면 좋아요.

3. A : 태풍이 온다고 합니다.
   B : 그럼, 먹을 것과 마실 것을 사 둡시다.

4. A : 올 시월에 결혼합니다.
   B : 그럼, 예정에 넣어 두겠습니다.

＊ 회화연습

1. 당신은 자주 여행을 합니까?
2. 당신은 지금까지 어떤 곳을 여행했습니까? 누구와
   함께 갔습니까?
3. 여행에 가서 어떤 토산품을 샀습니까?
4. 10일 간 여행을 한다면, 어디로 어떤 여행을 하고 싶
   습니까?

제10과 요리

김기수 : 후미코 씨, 최근에 TV 요리 프로그램이
         늘었죠.
후미코 : 예, 저도 자주 보는데, 반찬 만드는 법을 알
         려주는 프로그램도 있고 세계의 진귀한 요
         리를 소개하는 프로그램도 있어요.
김기수 : 그 중에는 보는 것만으로도 군침이 나올
         것 같은 요리도 있지요.

후미코 : 어머, 김기수 씨도 참! 그래도 김기수 씨
         가 말한 것처럼 정말로 맛있을 것 같아요.
김기수 : 후미코 씨도 TV에서 본 요리를 만들어
         본 일이 있습니까?
후미코 : 예, 녹화해 두었다가 때때로 나중에 만들
         어 봅니다.
김기수 : 잘 됩니까?
후미코 : 정말로 맛있는지 어떤지는 모르겠지만,
         남편은 맛있다고 말하며 먹어 줍니다.
김기수 : 다정한 남편이군요.

＊ 내용 체크

1. 최근 어떤 요리 프로그램이 늘어났습니까?
2. 요리 프로그램의 요리는 맛있을 것 같습니까?
3. 후미코 씨가 요리 프로그램을 보고 만든 요리는 맛있
   습니까?

＊ 문형연습

Ⅰ. ～도 있고 ～도 있다

A : 어떤 요리 프로그램이 있습니까?
B : 반찬 만드는 법을 가르쳐 주는 프로그램도 있고 세계
    의 진귀한 요리를 소개하는 프로그램도 있습니다.

1. A : 이 가게에는 어떤 요리가 있습니까?
   B : 생선 요리도 있고 고기 요리도 있습니다.

2. A : 매일 아침 일찍 일어납니까?
   B : 일찍 일어날 때도 있고 늦게 일어날 때도 있습니다.

3. A : 주식은 벌이가 됩니까?
   B : 벌이가 될 때도 있고 손해볼 때도 있습니다.

4. A : 일은 잘 됩니까?
   B : 잘 될 때도 있고 잘 되지 않을 때도 있습니다.

Ⅱ. ～할지 어떨지 모른다

A : 맛있게 됩니까?
B : 정말로 맛있는지 어떤지 모릅니다.

1. A : 그는 오늘 출석합니까?
   B : 글쎄요, 출석할지 어떨지 모르겠습니다.

2. A : 오늘밤은 비가 옵니까?
   B : 글쎄요, 비가 올지 어떨지 모르겠습니다.

3. A : 저 새로 생긴 레스토랑은 맛있습니까?
  B : 글쎄요, 맛있을지 어떨지 모르겠습니다.

4. A : 그녀는 애인이 있습니까?
  B : 글쎄요, 있을지 어떨지 모르겠습니다.

＊회화연습

1. 당신은 어떤 요리를 좋아합니까? 어째서 그 요리를 좋아합니까?
2. 당신은 싫어하는 음식이 있습니까? 그것은 무엇입니까?
3. 한국의 아내들이 잘 만드는 요리 베스트 3은 무엇입니까?
4. 당신은 요리를 만들 수 있습니까? 어떤 요리를 만들 수 있습니까?

좋아하는 것 말하기 모델 만들기

1. 좋아하는 것은?

◇ 저는 스포츠를 좋아합니다.
◆ 저는 영화를 좋아합니다.
◇ 저는 음악을 좋아합니다.

2. 그 종에서도 제일 좋아하는 것은?

◇ 스포츠 중에서도 축구를 가장 좋아합니다.
◆ 영화 중에서도 공포영화를 가장 좋아합니다.
◇ 음악 중에서도 클래식을 가장 좋아합니다.

3. 왜 좋아하는가?

◇ 축구는 다이나믹하고, 단체로 하는 스포츠이기 때문에 협동 정신도 기를 수 있습니다. 게다가 보는 것만으로도 정말 재미있습니다.
◆ 공포영화를 좋아하는 것은 일상생활 속에서는 좀처럼 경험할 수 없는 세계와 만날 수 있고, 긴장감 넘치는 느낌이 너무 좋기 때문입니다.
◇ 보통은 가요를 듣는 편이지만, 클래식은 마음을 치료해 주는 느낌이 있어서 때때로 듣습니다.

4. 주로 언제?

◇ 축구는 일요일 아침 일찍부터 11시 쯤까지 합니다.
◆ 영화는 보통 금요일 밤에 봅니다. 토 · 일요일이 휴일이므로, 일 때문에 피곤해도 가장 여유가 있기 때문입니다.
◇ 클래식은 괴로울 때나 왠지 모르게 슬플 때 또는 마음 편하게 쉬고 싶을 때 등 일주일에 두 세 번 듣습니다.

5. 누구와 어디에서?

◇ 축구 클럽이 있는데, 50명 정도 됩니다. 운동장은 고등학교 운동장을 빌려 씁니다. 사회체육이라 하여 일요일이라도 개방해 줍니다.
◆ 영화는 친구와 영화관에서 봅니다. 단, 아주 바빠서 보고 싶은 영화를 못 봤을 때는 DVD를 빌려 봅니다.
◇ 클래식은 주로 집에서 혼자 듣는데, 친구 중에서 클래식을 좋아하는 친구가 있어서 가끔은 함께 듣는 일도 있습니다.

6. 다른 좋아하는 것은?

◇ 축구 외에는 인라인 스케이트를 좋아합니다.
◆ 영화 외에는 여행을 좋아합니다.
◇ 클래식 외에 좋아하는 것은 따로 없습니다.

7. 이유는?

◇ 인라인 스케이트는 운동도 되고 스릴이 있어서 좋죠.
◆ 때로는 영화에 나오는 장소까지 가 보기도 합니다.
◇ 다른 것에는 별로 마음이 내키지 않습니다.

제11과 일본어 공부

다나카 : 박순미 씨는 언제부터 일본어 공부를 시작했나요?
박순미 : 고등학교 3학년 때입니다. 친구에게서 일본 애니메이션을 빌려 본 것이 계기입니다.
다나카 : 그럼 어떤 방식으로 공부했나요?
박순미 : 맨 처음에는 교재를 보면서 독학으로 공부했습니다. 그리고 고등학교 졸업 후에는 시내에 있는 일본어학교를 다녔습니다.
다나카 : 본격적으로 배우기 시작한 이후 어떠셨습니까?
박순미 : 처음에는 한국어와 어순도 같고, 문법도 많이 비슷해서 쉽다고 생각했는데, 하면 할수록 어려워져서 힘들었습니다.
다나카 : 그러셨습니까. 일본어는 가타카나 단어도 많고 한자 읽는 법도 다양해서 힘들지도 모르겠네요.

＊내용 체크

1. 박순미 씨는 언제부터 일본어 공부를 시작했습니까?
2. 왜 일본어 공부를 시작했습니까?
3. 왜 일본어 공부는 하면 할수록 어려워집니까?

＊문형연습

Ⅰ. ~하면서

A : 어떻게 공부했습니까?
B : 교재를 보면서 공부했습니다.

1. A : 어떻게 공부했습니까?
   B : 인터넷 사이트를 보면서 공부했습니다.

2. A : 오전에 무엇을 했습니까?
   B : 음악을 들으면서 청소를 했습니다.

3. A : 오후에는 무엇을 했습니까?
   B : 콧노래를 부르며 요리를 만들었습니다.

4. A : 친구와 무엇을 했습니까?
   B : 커피를 마시면서 이야기를 나누었습니다.

Ⅱ. 처음에는 ~지만, 점점 ~해진다

A : 일본어는 어떻습니까?
B : 처음에는 쉬웠지만 점점 어려워졌습니다.

1. A : 대학생활은 어떻습니까?
   B : 처음에는 즐거웠지만, 점점 재미없어졌습니다.

2. A : 이번에 이사한 동네는 어떻습니까?
   B : 처음에는 살기 힘들었지만, 점점 살기 편해졌습니다.

3. A : 이번에 산 도구는 어떻습니까?
   B : 처음에는 편리하다고 생각했지만, 점점 불편해졌습니다.

4. A : 새로운 사무원은 어떻습니까?
   B : 처음에는 열심히 했지만, 점점 게으름피우게 되었습니다.

＊회화연습

1. 여러분은 왜 일본어 공부를 시작했습니까? 그것은 언제입니까?

2. 일본어 공부에서 어려운 점은 무엇입니까?
3. 일본어를 공부하고 나서 일본의 어떤 점을 알게 되었습니까?

제12과 생일

박순미 : 사토 씨의 생일은 언제입니까?
사　토 : 제 생일은 4월 20일입니다. 올해 38살이 되었습니다.
박순미 : 올해 생일은 어땠습니까?
사　토 : 가족과 친구들이 축하해 주었습니다.
박순미 : 그럼, 선물도 받았나요?
사　토 : 예, 꽃다발과 넥타이를 받았습니다.
박순미 : 와! 부럽네요.
사　토 : 게다가 카메라맨 친구가 파티 때, 멋진 사진을 많이 찍어 주었습니다.
박순미 : 그거 좋은 추억이 되었겠네요.

＊내용 체크

1. 사토 씨는 올해 몇 살이 되었습니까?
2. 사토 씨의 생일에 누가 축하해 주었습니까?
3. 사토 씨의 생일에 카메라맨 친구는 무엇을 해 주었습니까?

＊문형연습

Ⅰ. ~이(가) 되다

A : 사토 씨는 몇 살입니까?
B : 올해 38살이 되었습니다.

1. A : 공사가 끝났군요.
   B : 네, 공사가 끝나서 주변이 조용해졌습니다.

2. A : 이 마을에도 지하철이 생겼군요.
   B : 네, 지하철이 생겨서 편리해졌습니다.

3. A : 저 가수의 노래, 매우 히트했죠.
   B : 그래서 그녀는 유명해졌습니다.

4. A : 매일 아침, 조깅을 하고 있나요?
   B : 예, 덕분에 건강해졌습니다.

II. ~에게서 ~을 받다

A : 어떤 선물을 받았나요?
❶ B : 애인에게서 귀걸이를 받았습니다.
❷ B : 동료에게서 시계를 받았습니다.
❸ B : 후배에게서 스웨터를 받았습니다.
❹ B : 친구에게서 책을 받았습니다.

III. ~해 주다(남이 나에게)

A : 생일은 어땠습니까?
B : 모두가 축하해 주었습니다.

1. A : 혼자서 일본어 편지를 썼나요?
   B : 아니오, 다나카 씨가 써 주었습니다.

2. A : 이 요리 김 씨가 만들었나요?
   B : 아니오, 노리코 씨가 만들어 주었습니다.

3. A : 이 테이프 누가 녹음했습니까?
   B : 다나카 씨가 녹음해 주었습니다.

4. A : 김 씨, 이 한자 잘 알고 있군요.
   B : 실은 다나카 씨가 가르쳐 주었습니다.

＊ 회화연습

1. 당신 생일은 언제입니까? 그것은 양력입니까, 음력입니까?
2. 생일에 어떤 선물을 받았습니까?
3. 당신은 생일에 무엇을 먹습니까?
4. 이번 생일에 받고 싶은 것이 있습니까? 그것은 무엇입니까?

제13과 나의 친구

김기수 : 노리코 씨는 사이가 좋은 친구가 몇 명 정도 있나요?
노리코 : 글쎄요. 친구는 별로 많은 편은 아니지만, 세 명 있습니다. 세 명 모두 오랫동안 사귀고 있는 친구예요.
김기수 : 그렇습니까? 언제부터 친구인가요?
노리코 : 모두 중학생 시절 동창생으로, 3년 동안 같은 반이었습니다.
김기수 : 와, 그럼 벌써 10년 이상이군요.
노리코 : 네, 그렇습니다.

김기수 : 지금도 자주 만나고 있나요?
노리코 : 요즘은 바빠서 별로 만나지 못하지만, 만나면 수다를 떨거나 고민거리 상담에 응하기도 합니다.
김기수 : 그거 좋군요.

＊ 내용 체크

1. 노리코 씨는 친구가 많은 편입니까?
2. 노리코 씨의 친한 친구는 언제부터의 친구입니까?
3. 노리코 씨는 요즘 왜 별로 친구를 못 만납니까?

＊ 문형연습

I. ~(하는) 편이다

A : 친구는 많습니까?
B : 별로 많은 편은 아닙니다.

1. A : 아버지는 엄격합니까?
   B : 아니오, 별로 엄격한 편은 아닙니다.

2. A : 가리는 것이 있습니까?
   B : 아니오, 별로 가리는 것이 없는 편입니다.

3. A : 한국인은 정이 깊습니까?
   B : 예, 정이 깊은 편입니다.

4. A : 일본인은 근면합니까?
   B : 예, 근면한 편입니다.

II. ~해서

A : 친구를 자주 만납니까?
B : 최근, 바빠서 별로 만나지 못합니다.

1. A : 이 책을 읽을 수 있습니까?
   B : 아니오, 이 책은 어려워서 읽을 수 없습니다.

2. A : 이 기계는 사용할 수 있습니까?
   B : 아니오, 이 기계는 낡아서 사용할 수 없습니다.

3. A : 이 요리를 먹을 수 있습니까?
   B : 아니오, 이 요리는 매워서 먹을 수 없습니다.

4. A : 조금 더 걸을 수 있습니까?
   B : 아니오, 다리가 아파서 걸을 수 없습니다.

Ⅲ. ~하기도 하고 ~하기도 한다

A : 친구를 만나면 무엇을 합니까?
B : 수다를 떨기도 하고 상담에 응하기도 합니다.

1. A : 일요일에 무엇을 합니까?
   B : DVD를 보기도 하고 책을 읽기도 합니다.

2. A : 주말에 무엇을 합니까?
   B : 쇼핑을 하기도 하고 데이트를 하기도 합니다.

3. A : 회사에서는 어떤 일을 합니까?
   B : 서류를 작성하기도 하고 회의 준비를 하기도 합니다.

4. A : 여름방학에는 무엇을 합니까?
   B : 일본어를 배우기도 하고 봉사활동을 하기도 합니다.

✳회화연습

1. 당신은 친구가 많습니까?
2. 친구와는 언제부터 사귀었습니까?
3. 친구를 만날 때 무엇을 합니까?
4. 친구의 어떤 점이 당신에게 맞습니까?
5. 친구와 싸움을 한 적이 있습니까? 이유는 무엇입니까?

제14과 결혼

다나카 : 김 선생님, 한국 사람은 대체로 몇 살에 결혼을 합니까?
김기수 : 사람에 따라 다른데요, 남자는 대개 30세 정도입니다. 한국은 병역 때문에 일본 남자보다 조금 늦어질지도 모릅니다.
다나카 : 그렇습니까? 실례지만 김 선생의 경우는?
김기수 : 저의 경우는 대학 졸업 후 바로 결혼식을 올렸습니다.
다나카 : 와 대단하군요. 졸업 후 바로 말입니까?
김기수 : 예, 겸연쩍은 얘기지만 아내가 연상이었거든요.
다나카 : 부럽군요.
김기수 : 무엇이 말입니까?
다나카 : 김 선생님의 부인 말이에요. 일본에서는 '연상의 신부는 금 짚신을 신고라도 찾아라'라는 말이 있을 정도로 귀중하다고 하거든요.

✳내용 체크

1. 한국 남성은 왜 일본인보다 결혼이 늦습니까?
2. 김 선생은 언제 결혼했습니까?
3. 김 선생은 왜 일찍 결혼했습니까?

✳문형연습

Ⅰ. ~에 따라

A : 몇 살 정도에 결혼합니까?
B : 사람에 따라 다르지만, 대개 30살 정도입니다.

1. A : 오늘은 비가 옵니까?
   B : 곳에 따라 다르지만, 비가 온다고 합니다.

2. A : 이 사건, 재판소에 고소합니까?
   B : 상대방의 태도에 따라 다르지만, 재판소에 고소할 겁니다.

3. A : 스케줄 변경은 없습니까?
   B : 날씨에 따라 다르지만, 스케줄을 변경합니다.

Ⅱ. ~할지도 모르다

A : 시간대로 출발합니까?
B : 아니오, 조금 늦어질지도 모르겠습니다.

1. A : 인도에 일식점이 있습니까?
   B : 인도에는 일식점이 없을지도 모릅니다.

2. A : 오늘밤 비가 옵니까?
   B : 예, 오늘밤에 비가 올지도 모릅니다.

3. A : 오늘 손님이 옵니까?
   B : 예, 손님이 올지도 모릅니다,

4. A : 저 분은 사장입니까?
   B : 옷차림을 보니 저 사람이 사장일지도 모릅니다,

Ⅲ. ~이니까요(강조)

A : 어째서 빨리 결혼하셨습니까?
B : 아내가 연상이었으니까요.

1. A : 왜 결석했습니까?
   B : 딸이 감기에 걸려서요.

2. A : 왜 택시로 오셨습니까?
   B : 길을 몰라서요.

3. A : 왜 사셨습니까?
   B : 점원이 편리하다고 해서요.

＊**회화연습**

1. 당신은 결혼했습니까?
2. (결혼한 사람) 몇 살에 결혼했습니까?
   (결혼하지 않은 사람) 몇 살 정도에 결혼하려고 생각
   하고 있습니까?
3. 당신은 어떤 결혼식을 하고 싶습니까?
   (《예》 멋진 결혼식, 검소한 결혼식, 전통적인 결혼식)
4. 당신이 결혼을 결정할(결정했던) 조건은 무엇입니까?

제15과 애완동물

박순미 : 니시다 씨는 동물을 길러본 적이 있습니
　　　　까?
니시다 : 예, 어릴 적에 개를 기른 적이 있습니다.
　　　　가족 모두가 먹이를 주거나 산책을 시키
　　　　거나 하면서 귀여워했습니다.
박순미 : 무슨 이름이었습니까?
니시다 : 이름은 에스라고 하는데, 대단히 영리한
　　　　개였습니다.
박순미 : 그럼 그 에스와의 추억도 많지 않으세요?
니시다 : 예, 제가 유치원에서 돌아오면 매일 집 문
　　　　앞에서 나를 기다려주던 일을 지금도 잘
　　　　기억하고 있습니다.
박순미 : 정말로 영리한 개였군요.
니시다 : 예, 에스는 몸집도 컸기 때문에, 제가 에
　　　　스의 등에 올라타고 놀던 사진도 남아 있
　　　　습니다. 그래서 그 에스가 죽었을 때에는
　　　　정말로 슬펐습니다.
박순미 : 그렇습니까? 그거 유감스럽군요.

＊**내용 체크**

1. 니시다 씨는 언제 개를 길렀습니까?
2. 니시다 씨가 기른 에스는 어떤 개였습니까?
3. 에스가 죽었을 때 니시다 씨는 어떤 기분이었을까?

＊**문형연습**

Ⅰ. ～시키다(사역형)

A : 개를 어떻게 키웠습니까?
B : 먹이를 주거나 산책을 시키거나 합니다.

1. A : 연회 때 부하 직원에게 무엇을 시켰습니까?
   B : 부하에게 노래를 부르게 했습니다.

2. A : 선생님은 학생에게 무엇을 시켰습니까?
   B : 학생에게 한자를 외우게 했습니다.

3. A : 선배는 후배에게 무엇을 시켰습니까?
   B : 후배에게 빨래를 하게 했습니다.

Ⅱ. ～하게 여기다(～해하다)

A : 어떻게 키우셨습니까?
B : 모두가 대단히 귀여워했습니다.

1. A : 애완동물이 죽어버려서 그녀는 어땠습니까?
   B : 대단히 슬퍼했습니다.

2. A : 혼자 살기 시작한 그는 어땠습니까?
   B : 몹시 쓸쓸해했습니다.

3. A : 새로운 회사에 취직한 그는 어떻습니까?
   B : 대단히 기뻐했습니다.

Ⅲ. ～하게 되다(수동 표현)

A : 에스가 죽었을 때는 어떠셨습니까?
B : 에스가 죽게 되어서 정말로 슬펐습니다.

1. A : 오늘 아침에는 비가 왔군요.
   B : 예, 비를 맞아 난처했습니다.

2. A : 오늘은 비서 분이 쉬었습니까?
   B : 예, 비서가 쉬어서 매우 곤란했습니다

3. A : 밤늦게 친구가 와 있던 것 같던데요
   B : 밤늦게 친구가 와서 정말 곤란했습니다.

＊**회화연습**

1. 여러분은 동물이나 새를 좋아합니까? 그것은 왜입니
   까?
2. 동물이나 새를 기른 적이 있습니까?
3. 애완동물을 기른다면 어떤 애완동물을 기르고 싶습
   니까?
4. 한국의 옛날이야기에는 어떤 동물이 자주 나옵니까?

제16과 쇼핑

요시다 : 영희 씨는 자주 쇼핑을 합니까?
이영희 : 예, 쇼핑을 대단히 좋아합니다.
요시다 : 그럼 매월 용돈이 부족하지 않습니까?
이영희 : 아니오, 실은 쇼핑이라고 해도 제가 좋아
　　　　 하는 것은 윈도우 쇼핑입니다.
요시다 : 아아! 그래요? 그래도 여러 가지 옷을 보
　　　　 고 있자면 자기도 모르게 갖고 싶어져서
　　　　 충동구매 해 버리는 일도 있지 않습니까?
이영희 : 예, 얼마 전에도 흰 원피스를 사고 말았어
　　　　 요.
요시다 : 백화점에서 샀습니까?
이영희 : 아니오, 동대문시장에서 샀습니다. 시장
　　　　 에서도 잘 고르면 백화점 상품과 그다지
　　　　 차이가 없는 것을 살 수 있거든요.
요시다 : 영희 씨는 쇼핑에 능하시군요.
이영희 : 아직 부모님께 의지해 살기 때문이죠.

✽ 내용 체크

1. 영희 씨가 좋아하는 것은 무엇입니까?
2. 영희 씨는 충동구매로 무엇을 샀습니까?
3. 영희 씨는 왜 시장에서 쇼핑을 합니까?

✽ 문형연습

I. ~면(가정)

A : 어떤 때 충동구매를 합니까?
B : 옷을 보고 있으면 그만 갖고 싶어져 버리죠.

1. A : 할아버지는 산책 나가셨습니까?
　 B : 예, 날씨가 좋으면 산책을 갑니다.

2. A : 이웃집 개는 잘 짖는군요
　 B : 예, 모르는 사람을 보면 잘 짖습니다.

3. A : 머리가 아프십니까?
　 B : 예, 술을 마시면 머리가 아파옵니다.

II. ~해 버리다

A : 무엇을 샀습니까?
B : 원피스를 사고 말았어요.

1. A : 이 책 읽으셨습니까?
　 B : 예, 이미 읽어 버렸습니다.

2. A : 논문 벌써 쓰셨습니까?
　 B : 예, 벌써 전부 써 버렸습니다.

3. A : 아이들은 벌써 잠들었습니까?
　 B : 예, 피곤해서 잠들어 버렸습니다.

4. A : 버스 안에 우산을 잊고 내렸습니까?
　 B : 예, 버스 안에 우산을 잊고 내리고 말았습니다.

III. ~하면(가정)

A : 시장의 품질은 어떻습니까?
B : 잘 고르면 좋은 것을 살 수 있습니다.

1. A : 잘 보입니까?
　 B : 예, 안경을 쓰면 잘 보입니다.

2. A : 다음주 등산 가십니까?
　 B : 예, 다리가 아프지 않으면 갑니다.

3. A : 잘 팔립니까?
　 B : 품질이 좋으면 잘 팔립니다.

✽ 담화연습

1. 당신은 자주 쇼핑하러 갑니까? 누구와 함께 갑니까?
2. 당신은 사고 싶은 것이 있을 때 어디에서 삽니까?
3. 쇼핑을 할 때 무엇을 중시합니까? (가격, 브랜드, 품
   질, 유행 등)
4. 지금 무언가 가지고 싶은(사고 싶은) 것이 있습니까?

제17과 아르바이트

박순미 : 다나카 씨는 아르바이트를 한 적이 있습
　　　　 니까?
다나카 : 예, 학창시절에 자주 했습니다.
박순미 : 어떤 아르바이트를 했습니까?
다나카 : 가정교사나 접시 닦기 등 여러 가지를 했
　　　　 습니다.
박순미 : 잊혀지지 않는 아르바이트가 있습니까?
다나카 : 예, 콘서트 공연장 준비를 하는 아르바이
　　　　 트를 했는데, 무거운 기자재를 나르거나
　　　　 높은 장소에 라이트를 설치하는 등, 아주
　　　　 힘들었습니다.
박순미 : 그렇습니까? 힘드셨겠네요.

다나카 : 그래도 콘서트는 공짜로 볼 수 있었고, 아르바이트비도 좋았기 때문에, 한 보람이 있었습니다.
박순미 : 그거 다행이네요.

＊내용 체크

1. 다나카 씨는 학창시절 어떤 아르바이트를 했습니까?
2. 다나카 씨가 잊을 수 없는 아르바이트는 어떤 아르바이트였습니까?
3. 다나카 씨는 2번 아르바이트를 하고 후회했습니까?

＊문형연습

I. ~한 적이 있다(없다)

A : 다나카 씨는 아르바이트를 한 적이 있습니까?
B : 예, 한 적이 있습니다.

1. A : 비빔밥을 먹어 본 적이 있습니까?
   B : 예, 먹은 적이 있습니다.

2. A : 프랑스에 가 본 적이 있습니까?
   B : 예, 간 적이 있습니다.

3. A : 일본 노래를 불러 본 적이 있습니까?
   B : 아니오, 부른 적이 없습니다.

4. A : 이 책을 읽은 적이 있습니까?
   B : 아니오, 읽은 적이 없습니다.

II. ~이나 ~등

A : 어떤 아르바이트를 했나요?
B : 가정교사나 접시 닦기 등을 했습니다.

1. A : 어떤 일본 요리가 있습니까?
   B : 튀김이나 샤브샤브 등이 있습니다.

2. A : 어떤 나라 사람이 왔습니까?
   B : 미국이나 중국 등의 사람이 왔습니다.

3. A : 어떤 색이 좋으십니까?
   B : 녹색이나 물빛 등이 좋습니다.

4. A : 백화점에서 무엇을 샀습니까?
   B : 스웨터나 스커트 등을 샀습니다.

III. ~ 하게 함을 당하다, 억지로 하다

A : 어떤 일을 했습니까?
B : 라이트를 설치했습니다.

1. A : 선배에게서 어떤 일을 하도록 지시 받았습니까?
   B : 방 청소를 하도록 지시 받았습니다.

2. A : 어머니에게서 무엇을 하도록 지시 받았습니까?
   B : 심부름을 가도록 지시 받았습니다.

3. A : 상사에게서 무엇을 하도록 지시 받았습니까?
   B : 서류를 작성하도록 지시 받았습니다,

4. A : 선생님에게서 무엇을 하도록 지시 받았습니까?
   B : 시험지를 복사하도록 지시 받았습니다.

＊담화연습

1. 당신은 아르바이트를 한 적이 있습니까? 어떤 아르바이트를 했습니까?
2. 최근 학생들에게 인기가 있는 아르바이트는 무엇입니까?
3. 만약 아르바이트를 한다면 어떤 아르바이트가 하고 싶습니까? 그것은 왜 그렇습니까?
4. 아르바이트에서 힘든 것은 무엇입니까?

제18과 스트레스

박순미 : 이시바시 씨, 조금 피곤한 것 같네요.
이시바시 : 예, 일이 잘 되지 않아서요.
박순미 : 조금 휴가를 받는 것은 어떠세요?
이시바시 : 저도 휴가를 받아 기분전환이라도 하고 싶지만, 일이 걱정돼서…….
박순미 : 그래도 너무 무리하면 병에 걸리고 말아요.
이시바시 : 그건 그렇지만…….
박순미 : 잘은 모르지만, 최근에는 아이부터 나이 든 사람까지 스트레스 때문에 병에 걸리는 사람이 늘고 있다고 해요.
이시바시 : 아이부터 나이 든 사람까지요?
박순미 : 예, 현대는 스트레스사회이기 때문이죠.
이시바시 : 그렇군요. 그럼 내일 부장님께 휴가원을 내봐야겠군요.
박순미 : 그게 좋겠어요.

＊내용 체크

1. 이시바시 씨는 왜 피곤합니까?
2. 이시바시 씨는 왜 휴가를 내지 않습니까?
3. 박순미 씨의 이야기에 따르면 최근 어떤 사람이 증가하고 있습니까?

＊문형연습

Ⅰ. ～하면 어떻습니까?

A : 조금 피곤합니다.
B : 그럼, 기분전환이라도 하는 것은 어떻습니까?

1. A : 이 일은 좀처럼 잘 되지 않습니다.
   B : 그럼, 하는 방법을 바꾸면 어떻습니까?

2. A : 최근 위 상태가 좋지 않아요.
   B : 한번 병원에서 검사를 받는 건 어떻습니까?

3. A : 집 근처의 교통이 불편해서 곤란해요.
   B : 과감히 이사하는 건 어떻습니까?

Ⅱ. ～때문에(이유, 원인)

A : 왜 병이 나는 사람이 늘고 있습니까?
B : 스트레스 때문에 병이 나는 사람이 늘고 있습니다.

1. A : 왜 입원했습니까?
   B : 과로 때문에 입원했습니다.

2. A : 왜 홍수가 일어났습니까?
   B : 태풍 때문에 홍수가 일어났습니다.

3. A : 왜 가축이 죽었습니까?
   B : 더위 때문에 가축이 죽었습니다.

Ⅲ. 잘은 모르지만 ～라고 한다

A : 최근 스트레스로 어떤 사람이 병이 납니까?
B : 잘은 모르지만, 아이부터 어른까지 병이 난다고 한다.

1. A : 무엇을 이야기하고 있나요?
   B : 잘은 모르지만 사장이 새로운 회사를 만든다고 합니다.

2. A : 그 구멍은 무엇입니까?
   B : 잘은 모르지만, 공룡의 발자국이라고 합니다.

3. A : 어째서 저 회사 주식이 올랐습니까?

B : 잘은 모르지만, 저 회사가 신약을 개발했다고 합니다.

＊회화연습

1. 여러분은 어떤 때 스트레스를 느낍니까?
2. 당신의 스트레스 해소법은 무엇입니까?
3. 스트레스가 쌓이지 않도록 하기 위해서는 어떻게 하면 좋습니까?

관심사 말하기 모델 만들기

1. 요즘 가장 관심이 많은 것은?

◇ 제가 가장 관심을 갖고 있는 것은 역시 일본어 공부입니다.
◆ 제가 가장 관심을 갖고 있는 것은 결혼입니다.
◇ 제가 가장 관심을 갖고 있는 것은 스트레스입니다.

2. 이유는?

◇ 일본어 공부가 너무 재미있어졌는데, 어떻게 하면 더 효과적으로 공부가 되고, 일본어를 능숙하게 잘 쓰게 될까라는 것을 생각하는 시간이 늘었기 때문입니다.
◆ 요즘은 독신생활을 선언하는 사람이 많아졌는데, 결혼이란 대체 나에게 어떤 의미를 갖고 있는가를 곰곰이 생각하게 되었습니다.
◇ 요즘은 일이 잘 안 돼서 윗분에게 혼나고 동료들에게도 왠지 폐를 끼치고 있는 듯한 생각이 들어서 어떻게 해야 좋을지 모르겠습니다. 의욕상실이란 느낌도 드는데, 이래 저래 스트레스만 쌓이는 것 같습니다.

3. 그래서 어떻게 할 생각인가?

◇ 우선은 열심히 공부하는 수밖에 없다고 생각합니다. 만약 좋은 의견이 있으면 여러분의 조언도 부탁합니다.
◆ 걱정이 된다고는 해도, 그렇게 심각한 상태는 아니므로, 우선은 남의 의견을 들어 보거나 참고가 될만한 책을 읽는 등 우선은 마음 편하게 대처해 나가고 싶습니다.
◇ 이것은 나에게 문제가 있어서인지, 또는 다른 이유가 있어서인지를 잘 생각해 보고 싶습니다. 그래도 답을 얻을 수 없을 때는 선배나 동료에게 마음을 터놓고 상담하려고 생각합니다.

4. 자신의 판단에 중요한 요인이 되는 것은 무엇인가?

◇ 그저 열심히 공부한다는 것은 왠지 요령 없는 공부법이란 생각이 드는데, 어느 정도 자기 나름대로 공부할 수 있게 되기까지는, 자신에게 맞는 공부를 발견하기까지의 시간이 필요하다고 생각합니다.

◆ 우선은 독신생활을 할 것인가 아닌가의 어느 한 쪽에 대답을 얻으려고 한다면, 그것은 좁은 의미에서의 인생을 생각하는 것이 될지도 모르므로, 인생을 살아간다는 큰 틀 안에서 생각하는 것이 중요하다고 생각합니다.

◇ 회사의 입장에서 또는 윗사람, 동료의 입장에서 자신을 응시하는 것이 중요한 것 같습니다. 어쩌면 지금까지는 내 입장에서만 생각한 건지도 모르겠습니다.

5. 최종 목표는?

◇ 일본어를 공부하는 최종적인 목표는 역시 말을 통해 일본이라는 나라의 모습을 알고 서로의 발전과 우호에 도움이 되는 사람으로서 활약할 수 있게 되는 일입니다.

◆ 이런 것에 관심을 갖는 것은 나의 인생을 좀더 세세한 부분까지 응시하는 것과 이어지는 것이므로, 그 자체를 성숙의 과정으로 이해하고 싶습니다.

◇ 인간이라면 누구라도 자기가 속해 있는 조직 속에서 인정받는 사람으로서 있고 싶지 않을까요? 하지만 어떻게 하는 것이 회사를 위해 또는 자신의 인생을 위해 도움이 되는 것인지 그 정답은 있는 걸까요? 그 정답에 좀더 가까이까지 가 보고 싶은 것입니다.

01 이야기를 시작할 때

では、お話しさせていただきます。
그럼 이야기를 시작하겠습니다.

02 순서를 정해서 말할 때

まず最初に、……。
우선 첫번째로…….

２番目に……。
두 번째로…….

３番目に……。
세 번째로…….

最後に……。
마지막으로…….

03 중요한 점을 부각시킬 때

特に、……。 특히…….

中でも一番重要なのは、……。
그 중에서도 가장 중요한 것은…….

04 이유를 설명할 때

と申しますのは、～からです。
그 이유는 ～ 이기 때문입니다.

それは、～からです。
그것은 ～ 이기 때문입니다.

05 예를 들어 말할 때

例えば、……。
예를 들면…….

一つ例を挙げれば、……。
예를 하나 들면…….

06 부연설명을 할 때

すなわち、……。
즉(다시 말하면) …….

もうちょっと詳しく申し上げますと、
……。
좀더 자세히 말씀 드리면…….

07 요약해서 말할 때

要するに、……。
요컨대…….

08 개인적인 입장을 이야기할 때

わたし個人的には、……。
저 개인적으로는…….

わたしの考えでは、……。
제 생각으로는…….

09 이야기의 주제를 바꿀 때

ところで(ですね)、……。
그런데 (말이죠)…….

話しは変わりますが、……。
다른 이야기인데요…….

10 원래의 화제로 되돌아올 때

話しはもどりますが、……。
본론으로 되돌아오면…….

もとの話しにもどりまして、……。
원래 이야기로 되돌아와서…….

本題にもどりましょう。
원래 이야기로 되돌아갑시다.

11 남의 말을 인용할 때

〜によると、……。
〜 에 의하면…….

〜の話しによりますと、……。
〜 의 말에 따르면…….

12 이야기를 마칠 때

これで、わたしの話しを終わらせていただきます。
이것으로 저의 이야기를 마치겠습니다.

ご清聴、ありがとうございました。
경청해 주셔서 감사합니다.

13 상대의 말에 맞장구 칠 때

はい、そうです。
예, 그렇죠.

ああ、そうですか。
아 ~, 그렇군요.

それは、なるほど。
그도 그럴 법하군요.

本当ですか。
정말이에요?

信じられませんね。
믿을 수 없어요

13 무언가를 물으려 할 때

あのう、失礼ですが、……。
저어, 실례지만…….

一つ、お聞きしてもよろしいですか。
뭐 하나 여쭤봐도 괜찮겠습니까?

一つ、お聞きしたいことがあるんですが、……。
한 가지 여쭤보고 싶은 것이 있는데요, …….

참고 표현(2)

~당하다(수동)

　　~(ら)れる

~도 있고 ~도 있다

　　~も あれば、~も ある

~때문에

　　~の ために

~라고 합니다

　　~と 申します

~라는

　　~という

~만큼 …은 아니다

　　~ほど …は ない

~만큼은 아니지만

　　~ほどではないが、

~스러워하다

　　~がる

~시키다(사역)

　　~(さ)せる

~에 관해서는

　　~に 関しては

~에 살고 있습니다

　　~に 住んでいます

~에 의하면 …라고 한다

　　~に よると、…そうだ

~에 의해, ~에 따라

　　~に よって

~에 의해 …되다(수동 표현)

　　~に よって、…(ら)れる

~에 흥미를 갖다

　　~に 興味を 持つ

~에게서 …을 받다

　　~に …を もらう

~에서 일하고 있습니다

　　~で 働いています

~와 …, 그리고

　　~と …、そして

~이 되다

　　~に なる

~이기 때문이다

　　~からだ

~이나 …등

　　~や …など

~이라든가 …등

　　~とか …とか

~인 것 같다

　　~みたいだ

~인지 어떤지 모른다

　　~か どうか わからない

~인지도 모른다
　~かも知れない

~중에서 …이 가장
　~の 中で …が 一番

~하거나 …하거나 하다
　~たり …たり する

~하고 말하고 있습니다
　~と 言っています

~하고 싶다
　~たい

~하는 것을 좋아합니다
　~のが 好きです

~하는 것입니다
　~ことです

~하는 일도 있습니다
　~ことも あります

~하는 편이다
　~の ために

~하려고 생각합니다
　~(よ)うと 思います

~하면 어떻습니까?
　~たら どうですか

~하면(가정)
　~と／~ば

~하면서
　~ながら

~한 적이 있다(없다)
　~た ことが ある(ない)

~한다면서요?
　~ですって?

~하게 되다
　~ように なる

~할 예정(계획)
　~つもり

~함을 당하다(사역수동)
　~(さ)せられる

~해 두다
　~て おく／~とく

~해 버리다, ~하고 말다
　~て しまう

~해 보고 싶다
　~て みたい

~해 보다
　~て みる

~해 주다(남이 나에게)
　~て くれる

~해서
　~て

잘은 모르지만, ~(라고) 한다
　なんでも、~そうだ

처음에는 ~지만, 점점 …해진다
　はじめは ~が、だんだん …なる

📖 동양북스 분야별 추천 교재

📖 동양북스 단계별 **추천 교재**

도모다찌 일본어	감바레 일본어	New 스타일 일본어	다이스키 일본어
입문 과정			

일본어뱅크 도모다찌 STEP 1

일본어뱅크 감바레 일본어 STEP 1

일본어뱅크 New 스타일 일본어 1

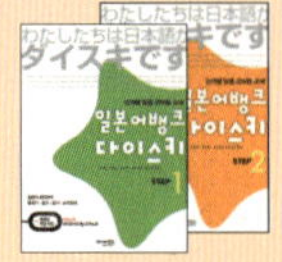
일본어뱅크 다이스키 STEP 1 · 2

일본어뱅크 다이스키 上

초급 과정

일본어뱅크 도모다찌 STEP 2

일본어뱅크 도모다찌 上

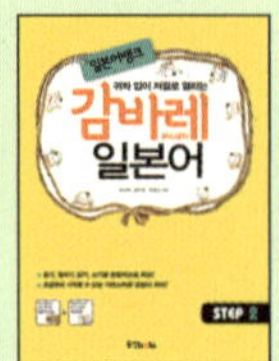
일본어뱅크 감바레 일본어 STEP 2

일본어뱅크 New 스타일 일본어 2

일본어뱅크 다이스키 STEP 3 · 4

일본어뱅크 다이스키 下

초 · 중급 과정

일본어뱅크 도모다찌 STEP 3

일본어뱅크 도모다찌 下

일본어뱅크 감바레 일본어 STEP 3

일본어뱅크 New 스타일 일본어회화 1 · 2 · 3

일본어뱅크 다이스키 STEP 5 · 6

중 · 고급 과정

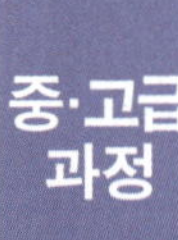

일본어뱅크 New 스타일 비즈니스 일본어 1 · 2

일본어뱅크 다이스키 STEP 7 · 8

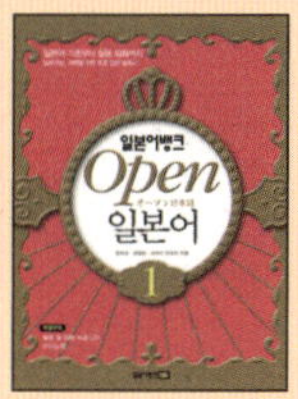

일본어뱅크
Open 일본어 1

New 뱅크 일본어
STEP 1

아나타노 일본어 1

일본어뱅크 Point 일본어 1

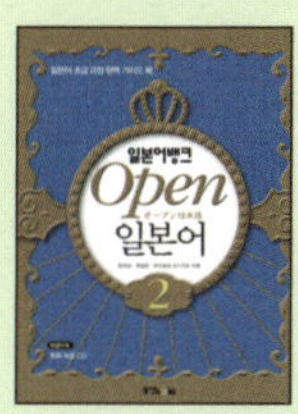

일본어뱅크
Open 일본어 2

New 뱅크 일본어
STEP 2

아나타노 일본어 2

일본어뱅크 Point 일본어 2

일본어뱅크
Open 일본어 회화 1

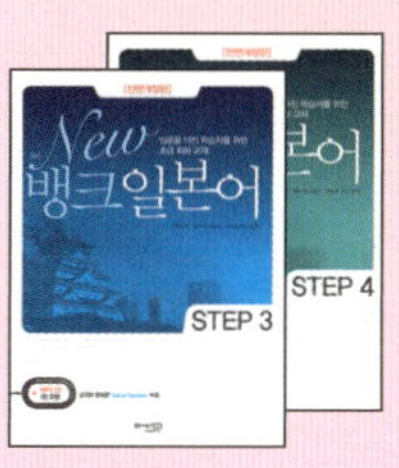

New 뱅크 일본어
STEP 3 · 4

일본어 회화 중상급 뛰어넘기

뉴 일본어뱅크
프리토킹 BASIC

일본어뱅크
Open 일본어 회화 2

New 뱅크 일본어
중급 1 · 2

뉴 일본어뱅크 프리토킹
STYLE 1 · 2

동양북스 추천 수험서

JLPT 분야별

문자 · 어휘

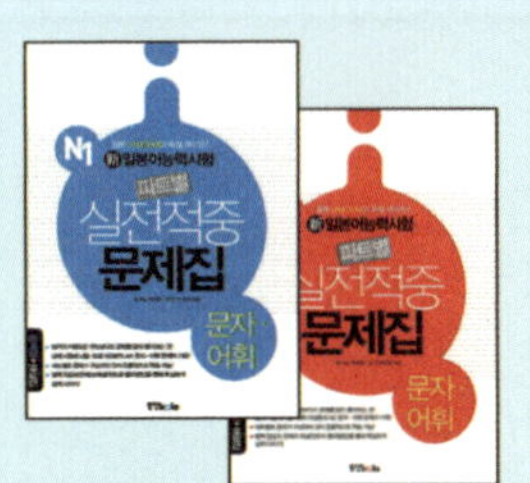

新일본어능력시험 파트별
실전적중 문제집
문자 · 어휘 N1

新일본어능력시험 파트별
실전적중 문제집
문자 · 어휘 N2

문법

新일본어능력시험 파트별
실전적중 문제집 문법 N1 / N2

新일본어능력시험
이거 하나면 끝! 문법 N1 / N2

독해

新일본어능력시험 파트별
실전적중 문제집 독해 N1

新일본어능력시험 파트별
실전적중 문제집 독해 N2

청해

新일본어능력시험 파트별
실전적중 문제집 청해 N1

新일본어능력시험 파트별
실전적중 문제집 청해 N2

JPT

분야별

일취월장 JPT 독해
일취월장 JPT 청해

점수대별 실전 모의고사

일취월장 JPT 실전 모의고사
500점 공략 (5회분)

일취월장 JPT 실전 모의고사
700점 공략 (5회분)

실전모의고사

만점 킬러 JPT
실전모의고사 (5회분)

300만 독자가 선택한

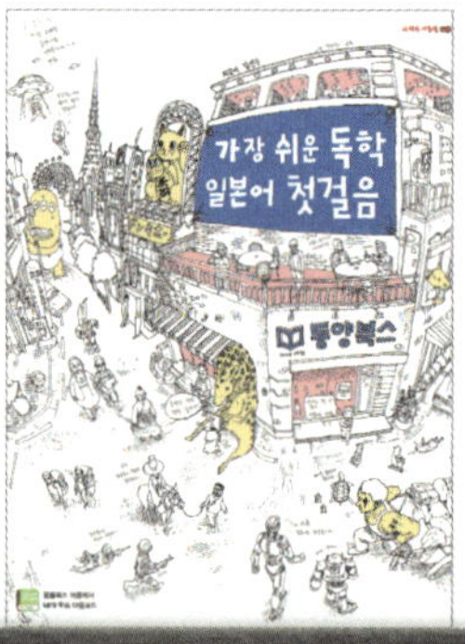

가장 쉬운
독학 일본어 첫걸음
14,000원

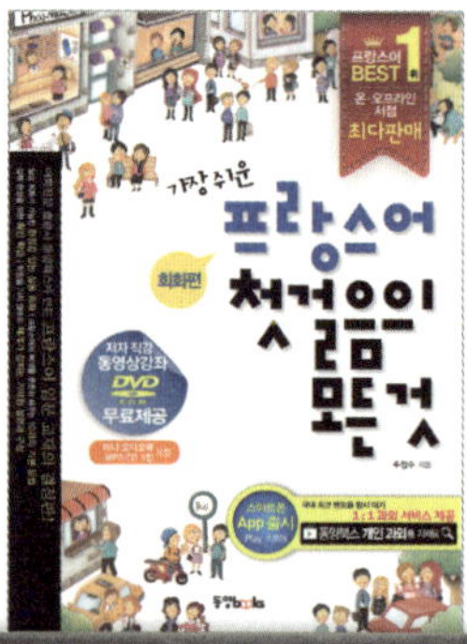

가장 쉬운
독학 중국어 첫걸음
14,000원

가장 쉬운
프랑스어 첫걸음의 모든 것
17,000원

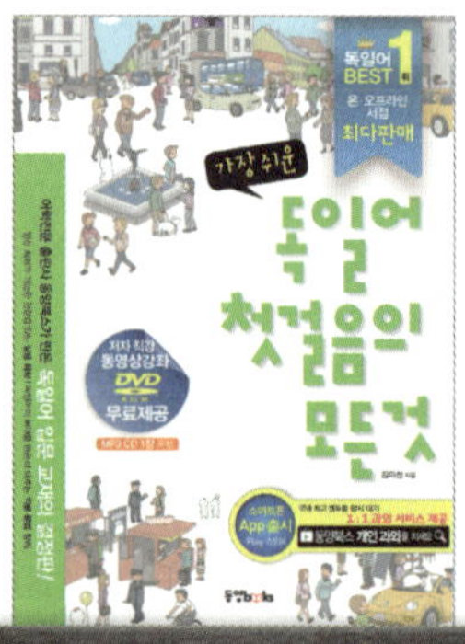

가장 쉬운
독일어 첫걸음의 모든 것
18,000원

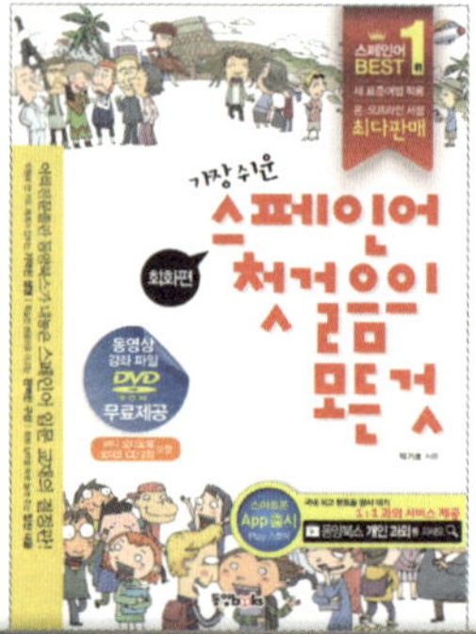

가장 쉬운
스페인어 첫걸음의 모든 것
14,500원

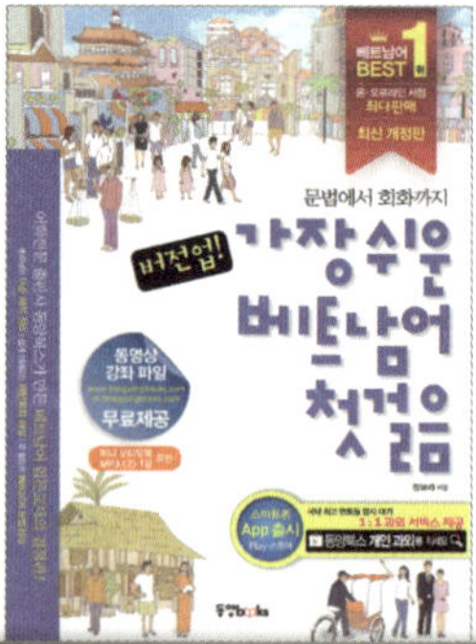

버전업! 가장 쉬운
베트남어 첫걸음
16,000원

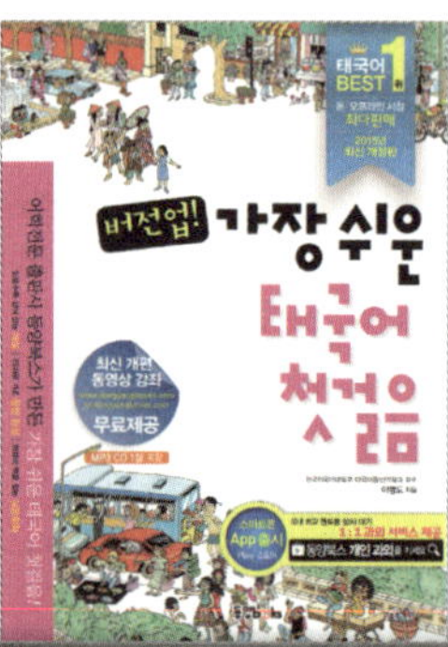

버전업! 가장 쉬운
태국어 첫걸음
16,800원

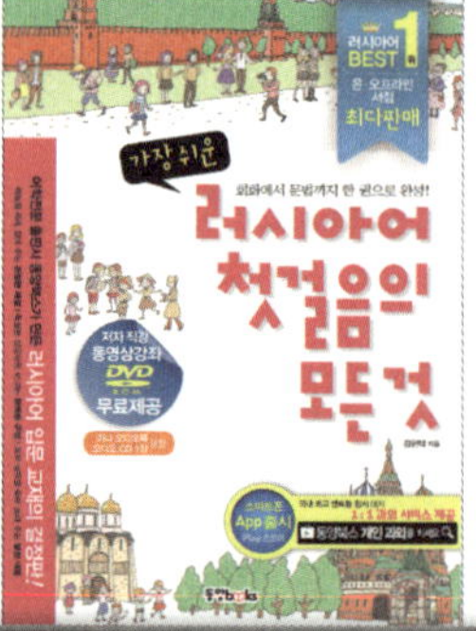

가장 쉬운
러시아어 첫걸음의 모든 것
16,000원

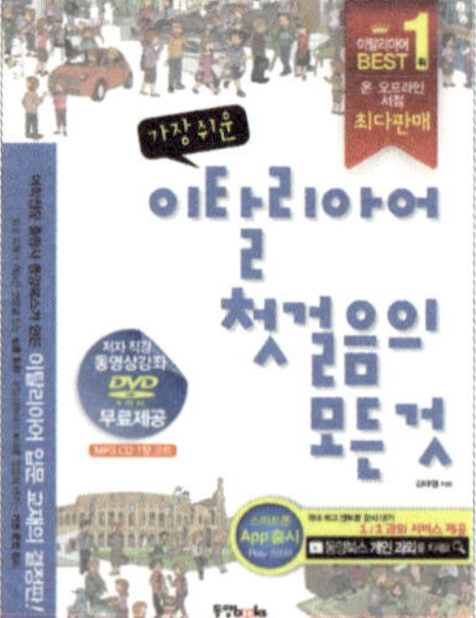

가장 쉬운
이탈리아어 첫걸음의 모든 것
17,500원

첫걸음 베스트 1위!

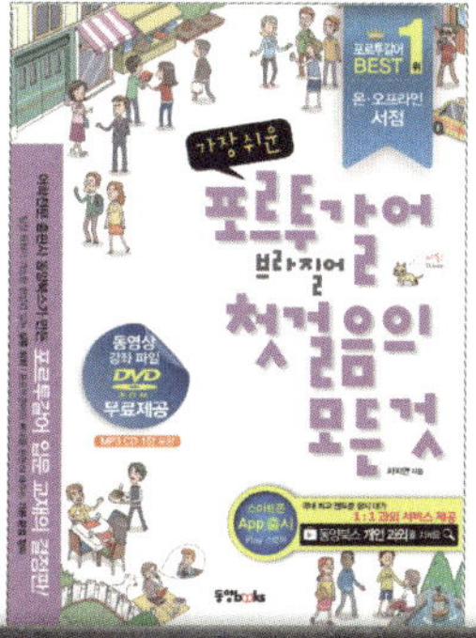

가장 쉬운
포르투갈어 첫걸음의 모든 것
18,000원

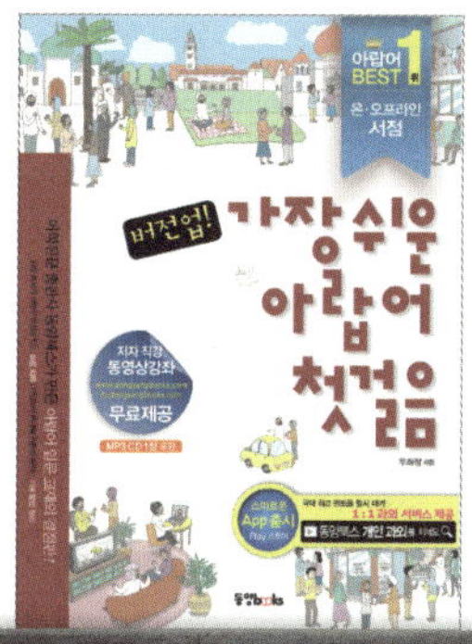

가장 쉬운
터키어 첫걸음의 모든 것
16,500원

버전업! 가장 쉬운
아랍어 첫걸음
18,500원

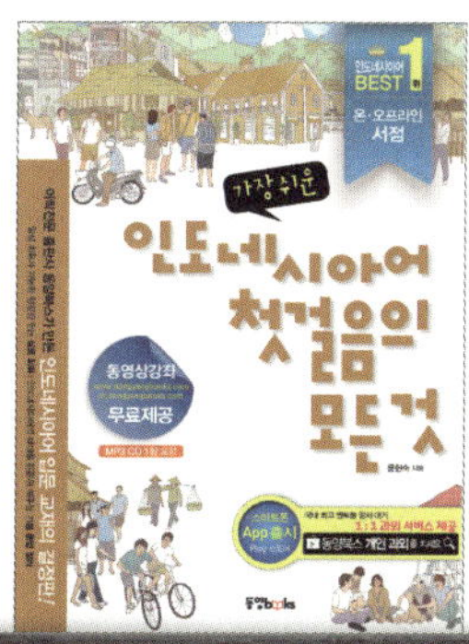

가장 쉬운
인도네시아어 첫걸음의 모든 것
18,500원

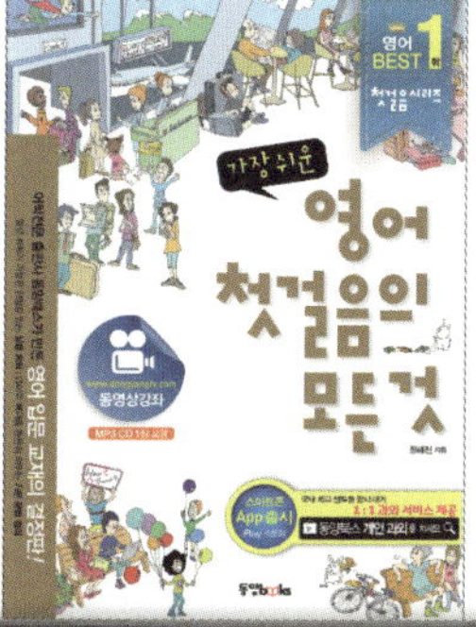

가장 쉬운
영어 첫걸음의 모든 것
16,500원

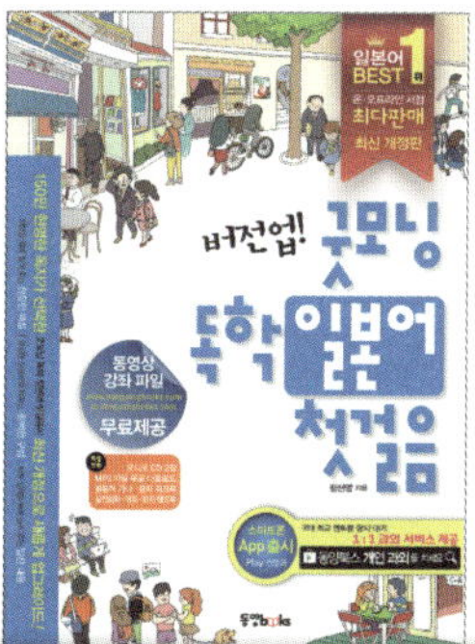

버전업! 굿모닝
독학 일본어 첫걸음
14,500원

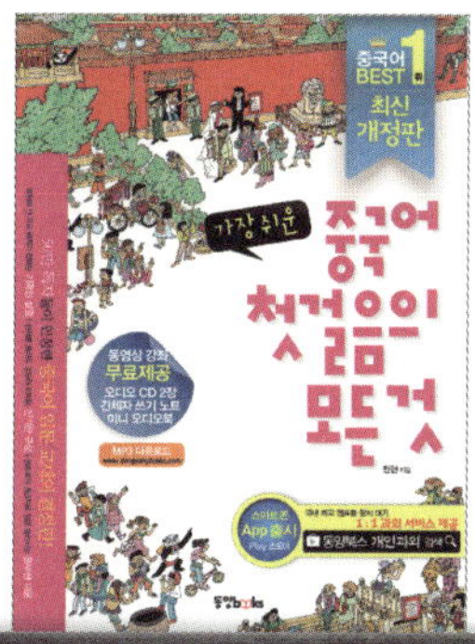

가장 쉬운
중국어 첫걸음의 모든 것
14,500원

오늘부터는 팟캐스트로 공부하자!

팟캐스트 무료 음성 강의

▸1
iOS 사용자
Podcast 앱에서
'동양북스' 검색

▸2
안드로이드 사용자
플레이스토어에서 '팟빵' 등
팟캐스트 앱 다운로드,
다운받은 앱에서
'동양북스' 검색

▸3
PC에서
팟빵(www.podbbang.com)에서
'동양북스' 검색
애플 iTunes 프로그램에서
'동양북스' 검색

** 신규 팟캐스트 강의가 계속 추가될 예정입니다.